RAINER ULLRICH

Skizzen aus der Nordost-Passage

RAINER ULLRICH

Skizzen aus der Nordost-Passage

Als Expeditionsmaler
mit Arved Fuchs im Polareis

Koehlers Verlagsgesellschaft mbH · Hamburg

Bildnachweis:

Schutzumschlag vorne:
Laptevsee – 15. August 2002, 12.30 Uhr – DAGMAR AAEN zieht ihre Kreise für Foto- und Filmaufnahmen. Rainer Ullrich läßt sich auf einer Eisscholle absetzen und skizziert in dieser unglaublichen Stille seine eisigen Eindrücke, bis ein explosionsartiger Knall am Horizont die Idylle zerreißt.
Lesen Sie auf Seite 93!
Titelfoto: Torsten Heller

Schutzumschlag hinten:
1. August 2002, auf Position 69° 30' N, 53° 58' E DAGMAR AAEN nähert sich der Enge „Kara-Straße". Ein riesiges Eisfeld liegt vor uns. Es wird diesig. Bevor das Schiff aufgestoppt werden kann, kommt es zur ersten Berührung mit dem Eis. Ein gewaltiger „Ruck" geht durch den Rumpf. Die tonnenschweren Eisschollen wirken wie eine Pier aus Beton.

Alle Fotografien auf den Innenseiten: Torsten Heller

Die Originale, Aquarelle, Pastelle, Zeichnungen sowie Interpretationen in Öl und Acryl, bietet Rainer Ullrich in seinem Atelier zum Kauf an.
Info unter www.rainer-ullrich-artundwork.de

Ein Gesamtverzeichnis der lieferbaren Titel der Verlagsgruppe Koehler/Mittler schicken wir Ihnen gern zu. Sie finden es aber auch im Internet unter www.koehler-mittler.de

Bibliografische Information Der Deutschen Bibliothek
Die Deutsche Bibliothek verzeichnet diese Publikation in der Deutschen Nationalbibliografie; detaillierte bibliografische Daten sind im Internet über http://dnb.ddb.de abrufbar.

ISBN 3-7822-0887-0
© 2004 by Koehlers Verlagsgesellschaft mbH, Hamburg
Alle Rechte, insbesondere das der Übersetzung, vorbehalten
Produktion: Hans-Peter Herfs-George
Gesamtherstellung: Druckerei zu Altenburg, Altenburg
Printed in Germany

Dank an die Freunde und Unterstützer

Wenn ich zurückblicke an die vergangenen Jahre meiner Malerei, so ist für mich klargeworden, daß das Ereignis der Nordost-Passage durch Arved Fuchs eine Wende eingeleitet hat. In freundschaftlicher Verbundenheit danke ich ihm herzlich dafür.
Der spontane und in aller Kürze gefaßte Entschluß, die Expedition als Maler mitzumachen, ist durch viele weitere Freunde unterstützt worden.
Somit danke ich zuerst Conni Behnke, die mich ein Viertel Jahr lang in sichere Hände gab. Harald Petersen mit seinem Ingenieurbüro danke ich für die kurzentschlossene Zusage, das Sponsoring zu übernehmen. Dank an Detlef Kobs, Kobs ArtMaterial für Papiere und Farben. Dank den Sponsoren Jack Wolfskin und Globetrotter für die Ausrüstung und Unterstützung, ohne die eine Expedition wie diese nicht möglich gewesen wäre.
Für den sicheren Stand auf der Eisscholle danke ich Hilke und Christian Bär.
Nach Rückkehr von Alaska wurden die gezeichneten und gemalten Arbeiten sowie die Tagebücher in digitale, hochwertige Daten verwandelt und angedruckt. Dafür bin ich Siegfried Beyer und seiner Hamburger Reprotechnik unendlich dankbar.
Als dann die Kalender, Kunstdrucke und Skizzenbücher sowie die Werbebotschaften gedruckt werden konnten, war „Piffko" Bruno Pannecke mit seinem Betrieb LD Medien und Druckgesellschaft mbH der Freund und Partner. Piffko ermöglichte mir in kürzester Zeit, mit den aktuellen Werken in der Hamburger Kunsthalle und später in der breiten Öffentlichkeit präsent zu sein.
Allen Freunden und Bekannten, die mich für diese Expedition unterstützten, danke ich hiermit noch einmal herzlich. Auf die kommenden Projekte freue ich mich schon. Ich werde sie rechtzeitig ankündigen.

Rainer Ullrich

VORWORT

Die Idee, einen Expeditionsmaler mitzunehmen, ist nicht neu, und sie stammt keineswegs von mir. Vor dem Zeitalter der Fotografie war der Maler stets fester und wesentlicher Bestandteil einer Expeditionsmannschaft, und selbst später, als man längst fotografierte und auch filmte, war der malende Chronist meist dabei. Alexander von Humboldt, Julius Payer, Fridtjof Nansen, Georg Steller oder James Cook, um nur einige Namen zu nennen: Sie alle zeichneten selbst oder hatten Maler dabei. Wenn ich nicht schon auf früheren Expeditionen einen Künstler mitgenommen habe, dann einzig aus dem Grund, dass ich keinen gefunden habe. Jemanden aufzutreiben, der gleichermaßen belastbar ist, Spaß am Segeln unter polaren Bedingungen hat, der die Enge an Bord und die fehlende Privatsphäre nicht scheut, der teamfähig ist und trotz der alltäglich anfallenden Schiffsarbeit noch malen kann, ist eine kaum lösbare Aufgabe. Bis ich Rainer Ullrich traf! Rainer besitzt mit seiner FRIEDA ein ganz ähnliches Schiff wie meine DAGMAR AAEN. Ein wenig kleiner ist sie, aber vom gleichen Typ. Schiffe wirken wie Katalysatoren. Sich kennenlernen und anfreunden war nur eine Frage der Zeit. Rainers ruhige, bedächtige Art, seine seemännische und menschliche Kompetenz und natürlich seine Kunst faszinierten mich. Als wieder einmal beide Schiffe im Museumshafen von Flensburg lagen, fasste ich mir ein Herz und sprach ihn von Schiff zu Schiff aus an. Der Dialog war, wie es Norddeutschen geziemt, kurz und bündig:
„Hast du nicht Lust, mit auf die nächste Expedition zu gehen?"
„Wo soll es denn hingehen?"
„Durch die Nordostpassage nach Alaska." Rainer brauchte nicht viel Zeit zum Nachdenken: „Ja, warum eigentlich nicht? Wenn du meinst, dann bin ich wohl dabei!" Damit war unsere Absprache besiegelt. Rainer war Feuer und Flamme, ich freute mich wie ein Schneekönig darüber, ihn im Team zu haben – der Rest war Planung, Vorbereitung, Training und der für Rainer ungewohnte Zeitstress, den es vor jeder neuen Expedition gibt. Anfang Juli 2002 stieg Rainer in Tromsø zu und begann sofort mit dem Malen. Ich, der ich bestenfalls mit einem Lineal gerade Striche ziehen kann, war fasziniert von der Art, was er mit Farben, Stiften, Fingern und Pinsel zu Papier brachte. Diese Faszination übertrug sich auf alle an Bord. Aber nicht nur, dass wir von den neu entstandenen Bildern oder der Art, wie sie entstanden, begeistert waren – Rainer lehrte uns auch die Dinge bewußter und mit anderen Augen zu sehen. Wahrnehmung ist nicht gleich Wahrnehmung, und hierin war er uns allen voraus. Wir sahen plötzlich bewußter, nahmen Details und Farbnuancen auf, die ansonsten im Unterbewußtsein verschwunden wären. Rainer fertigte nicht einfach Bilder – er band uns ein, ließ uns alle teilhaben. Die Kunst hat Freiheiten, die die Fotografie oder der Film nicht hat. Rainer Ullrich konnte sich in seinen Bildern vom Schiff lösen, er konnte aus der Vogelperspektive schauen oder von einem Berg oder einer weit entfernten Eisscholle aus Panoramen entstehen lassen. Kein Tag verging, an dem er nicht an Deck saß oder stand, alles um sich herum vergaß und trotz Gischt, Kälte und Wind schaute und malte. Jeden Tag. Bisweilen vergaß er fast sich selbst dabei, und ich entsinne mich gut daran, wie dann ein anderes Crewmitglied auf „unseren" Maler achtete, damit ihm nichts wegwehte oder er womöglich bei den heftigen Schiffsbewegungen über Bord ging. Entstanden ist dabei wie ich finde eine einzigartige, sinnliche Dokumentation über eine ungewöhnliche Polarreise. Die Stimmungen, die aus seinen Bildern sprechen, spiegeln die Intensität und die Faszination der Arktis wider. Um so mehr freut es mich, daß ein Teil seiner schönsten Werke in dieser Form publiziert und damit der Öffentlichkeit zugänglich gemacht werden. Ich wünsche Rainer Ullrich und seinem Buch, daß es möglichst viele Menschen betrachten werden – und mir wünsche ich, daß er möglichst bald einmal wieder mit auf eine Expedition geht. Ich werde wohl demnächst mal wieder in Flensburg die DAGMAR AAEN neben seine FRIEDA legen ...

Arved Fuchs

Die Nordost-Passage 2002

Arved Fuchs hatte die Nordwest-Passage über Alaska und Kanada im Jahre 1993 bezwungen. Die Nordost-Passage, den „Nördlichen Seeweg" an der Küste Sibiriens, zu durchfahren sollte dreimal scheitern. 1991, 1992 und 1994, in jenem Jahr ging die DAGMAR AAEN bei schwersten Eispressungen in der Delongstraße (Ostsibirien) fast verloren. Die Natur gibt letztlich das Startzeichen. Nur im arktischen Sommer, Juli, August, September, ist es möglich, diese Passage anzugehen. 2002 sollte es einen letzten Versuch geben.

Die Route durch die Nordost-Passage

Am 28. Mai hat die DAGMAR AAEN in Hamburg die Segel gesetzt und erreicht Tromsø, das Tor zur arktischen Welt Anfang Juli. Am 18. Juli wird in Murmansk, dem ersten russischen Hafen, einklariert. Auf dem Weg nach Dikson durchqueren sie die Barentssee und die Karastraße und erreichen Dikson Anfang August. Die Schlüsselstelle, das berüchtigte Kap Tscheljuskin, wird Mitte August gemeistert. Der nächste Hafen auf dem Weg durch die Nordost-Passage ist Tiksi, bevor die DAGMAR AAEN durch die Dimitri-Laptew-Straße die Wrangel-Insel erreicht. Anfang September wird beim Kap Deschnew die Durchfahrung der Nordost-Passage erfolgreich beendet. Nach Passieren der Beringstraße und nach dem Ausklarieren aus dem letzten russischen Hafen Providenjia segelt die Crew an Bord der DAGMAR AAEN bei stürmischer See durch die Beringsee. Sie erreicht Dutch Harbor auf den Aleuten am 20. September. Zum Überwinterungshafen Sitka/Alaska sind es noch weitere 1000 Seemeilen durch herbstliche Stürme. Nach einem dreitägigen Zwischenstopp auf Kodiak Island erreichen sie schließlich am 3. Oktober 2002 Sitka.
Von Hamburg bis Sitka wurden an 127 Reisetagen insgesamt 7988 Seemeilen zurückgelegt. Diese Strecke entspricht einer Entfernung von Hamburg nach Kap Hoorn.

Perspektiven

Während die DAGMAR AAEN in Sitka (Alaska) überwintert, kehrt die Crew zu einer wohlverdienten Winterpause nach Hause zurück. Arved Fuchs wird u.a. in Multivisions-Vorträgen über die spannenden Erlebnisse und die grandiose Natur berichten. Im Frühjahr 2003 erscheint das Buch über die Expedition „Kälter als Eis".

Aktuelle Meldung im Oktober 2003.
Arved Fuchs war mit seinem Team seit Mai unterwegs. Zunächst hatten sie die Inselgruppen der Aleuten im südwestlichen Alaska erkundet, dort unter anderem diverse Vulkane bestiegen und Tauchgänge unternommen. Dann wollte Arved Fuchs die legendäre Passage zwischen Pazifik und Atlantik von Alaska aus durchsegeln. Das war vor 100 Jahren dem Norweger Roald Amundsen innerhalb von drei Jahren als erstem Menschen gelungen. Zunächst lief noch alles nach Plan, doch dann wurde das Packeis durch ungünstige Winde zu einer undurchdringlichen Barriere. DAGMAR AAEN war vom Eis eingeschlossen. Zwei Wochen steckte sie fest, mehrere Versuche, selbst mit Eisbrecherhilfe freizukommen, scheiterten. Die kanadische Coast Guard hatte bereits auf Evakuierung der siebenköpfigen Crew gedrängt. Über Nacht kam das Eis durch den erhofften Wind doch noch in Bewegung, so daß das Schiff zurück nach Cambridge Bay gelangen konnte. Hier wird die DAGMAR AAEN den Winter bei Temperaturen von bis zu 40 Grad minus verbringen.

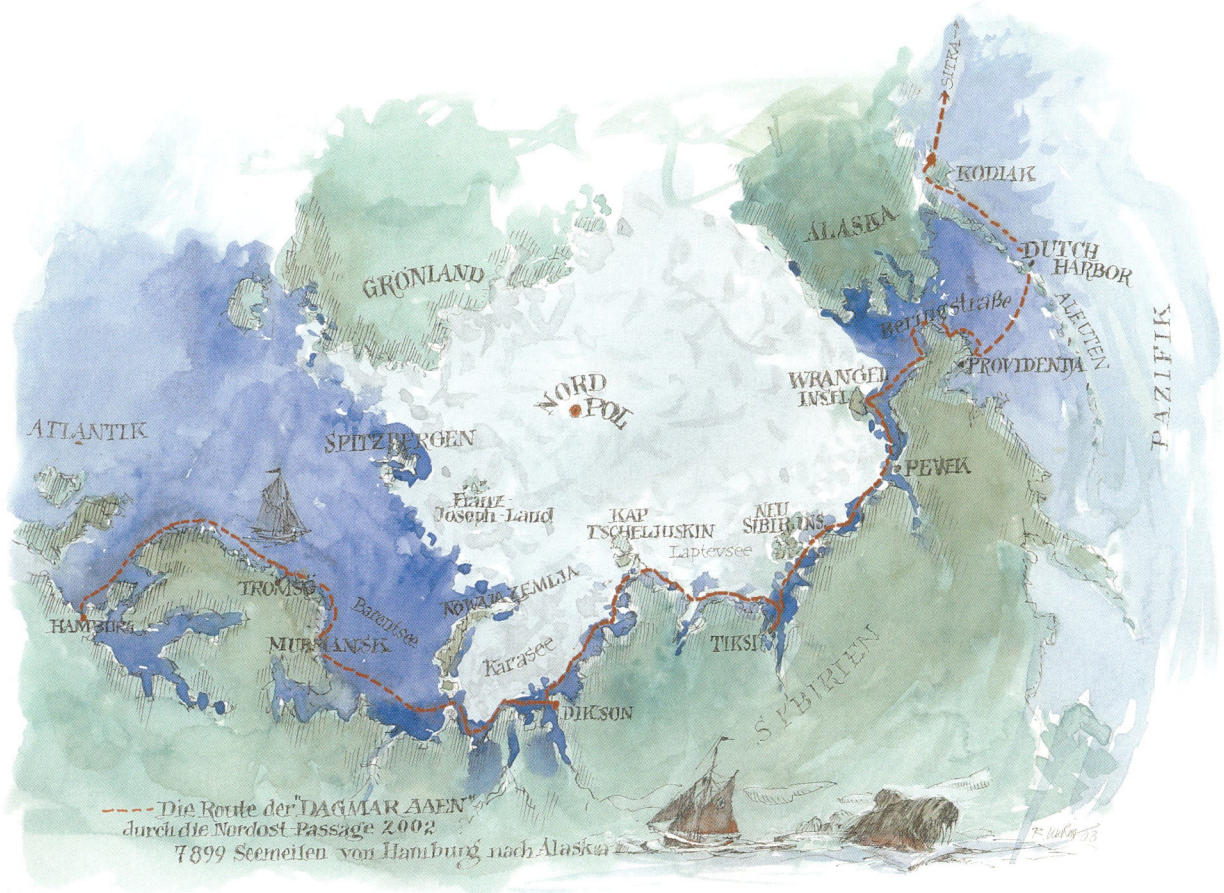

7.987 Seemeilen von Hamburg nach Alaska. Die Eiskarte zeigt die Eisverhälnisse im Juni 2002.

Als Expeditionsmaler auf dem Traditionssegler DAGMAR AAEN – wie kommt man zu solch einer Gelegenheit?
Das Leben ist wie eine Leiter, und was auf den einzelnen Stufen sichtbar wird, kann man sich greifen – oder nicht, der Horizont geht dabei nie zu Ende.

Zwischen Wort und Tat...

Arved Fuchs und ich sitzen im „Columbus", am Hafen von Flensburg, verdauen gerade eine Vereinssitzung mit dem Museumshafen. Noch ein letztes Bier und dann in die Koje, jeder auf seinem Schiff. DAGMAR AAEN und FRIEDA VON HADERSLEBEN liegen hier im Museumshafen.
Es ist 23.30 Uhr im September 2001.
Arved hatte mich schon vor einiger Zeit angesprochen, die Nordost-Passage mitzusegeln, wie in alten Zeiten, als Expeditionsmaler. Nordenskjöld, Amundsen, Nansen und viele andere hatten auf ihren Entdecker- und Expeditionsreisen selbst gemalt, dokumentiert oder einen Künstler mit an Bord. Eine Testnacht in einer der engen Alkovenkojen auf DAGMAR AAEN war gut überstanden, somit stand für mich die Entscheidung fest: Ich komme mit! Und damit war für uns beide die Sache klar. Ich mußte nun für drei Monate eine finanzielle Brücke finden. Die Kosten für meine Teilnahme an der Expdition würden von einem Sponsoren getragen werden. Die Expedition Nordost-Passage wird offiziell auf der Hanseboot in Hamburg verkündet.
Ein Sponsor für die Kunst ist schnell gefunden, Harald Petersen mit seinem Ingenieur-Büro sagt spontan zu und ist somit „im Boot". Eine Mittsommerfeier im Hof meines Ateliers in Hamburg gibt noch einmal Anlaß, die besten Wünsche für die kalte Reise ins Eis entgegenzunehmen.

Schiffe verbinden – sie sind die Katalysatoren im Leben an der Küste.

ditionsmaler. Nordenskjöld, Amundse
und viele andere hatten auf ihren
und Expeditionsreisen selbst
dokumentiert oder einen
an Bord. Eine Test-
einer der engen
auf Dagm
Aaen
üt

fü
Entsc
Ich komm
damit war fü
die Sache klar. Ic
für drei Monate eine
Brücke finden. Die Kosten
Teilnahme an der Expdition
einem Sponsoren getragen werden.
Expedition Nordost-Passage wird offi

Es kann kein Zufall gewesen sein, daß mein Freund Folkert Bockentien mir ein Skizzenbuch in die Hand drückte – mit den Wünschen, etwas Unwiederbringliches hineinzuschreiben und zu zeichnen.
Für dieses Geschenk bin ich ihm unendlich dankbar, weil ich heute weiß, daß meine Notizen niemals eine solche durchgängig konsequente Aufzeichnung erfahren hätten.

In case of loss, please return to:

_____

_____

_____

As a reward: $ _____

```
RAINER ULLRICH
ART & WORK
ALSTERBERG 18 D (HOF)
22335 HAMBURG
GERMANY
TEL. 49 · 40 · 50 33 01
FAX 49 · 40 · 59 18 27
MOBIL 0171 · 5 15 16 12
```

..... *für eine Reise mit neuen Eindrücken, viel Glück Muße und ein prima Team*

Hamburg 27. Juni 02

Die DAGMAR AAEN ist inzwischen in Tromsø/Norwegen angekommen. Ausgerüstet und proviantiert für ein ganzes Jahr. Am 1. Juli soll ich dort an Bord gehen. Conni bringt mich am 30. Juni 2002 zum dänischen Fährhafen Frederikshavn. Abschied. Die Fähre nach Oslo verschwindet mit mir im Schwarz einer Gewitterfront, wie ein Trennungszeichen zwischen dem Jetzt und dem Unbekannten. Oslo – Tromsø im Fluge. Landung um 0.35 Uhr bei Sonnenlicht. DAGMAR AAEN liegt in einem Seitenarm des Tromsø-Fjords bei Gerd Schmalenstöker, einem Freund Arveds.
Der Anleger ist das Werkstatthaus, an dem auch Gerds finnischer Frachtsegler liegt und auf eine Restaurierung wartet.

Dienstag 2. Juli

Um 02⁰⁰ ins Bett / 7.30 Aufstehen. Das Wetter ist so stabil hoch, es ist um 9⁰⁰ schon 20° warm. Gerd von Håkøya will mich ins Kunstmuseum bringen. Gerd ist sehr bemüht, uns zu versorgen. Besuch des Kunstmuseums. Ablegen um 10.30 Uhr zum Tanken. Das Wetter verändert sich etwas – mehr Wolken kommen über die Berge. Zeichnen, tanken, Filmen. Das Schlauchboot mit Frank, Thorsten und Harm geht zum Filmen in den Hafen voraus aber die neue Benzinmischung hat wohl Wasser. Kleine Aktion mit zurückpaddeln.

Nach allen Ablichtungsmanövern laufen wir um 16⁰⁰ mit Kurs Hammerfest.

Kurs 57°

16⁰⁰ Wache mit Martin u. Elise
Die Wetterlage verbessert sich bereits wieder
ebenfalls in unserem Umfeld – blauer Himmel,
Martin mißt mit dem Schleuder-Psygrometer
4° in der Sonne sommerlich warm und
eine Landschaft wie am Bodensee

18⁴⁵ im Grötsundet

Langsam werde ich eingenordet, der lange
Tag von 24 Stunden wirkt sich aus.
Der Schlaf ist irgendwann notwendig
aber eigentlich scheint er einem diese
wunderbaren Eindrücke zu rauben.
Elise bereitet das Essen vor ich beneide
sie nicht, denn am Herd ist's heiß
Martin am Ruder ... die Freiwache
liest.

Die Sommernacht zaubert mich hinein in die neue Atmosphäre, die erste Nacht an Bord, für die nächsten drei Monate in der engen Koje im Vorschiff an Steuerbord. Mein neues Zuhause.

Die hochsommerliche Wetterlage im Norden Europas bringt Urlaubsstimmung in die ganze Mannschaft. Die Crew, die das Schiff nach Norwegen gesegelt hat, ist schon auf dem Heimweg nach Deutschland. An Bord sind jetzt Arved Fuchs, Henryk Wolski aus Polen, Elise Fleer und Frank Mertens, Martin Friederichs, Katja Nagel, Markus Zatrieb und der Expeditionsmaler Rainer Ullrich. Wir alle an Bord haben die gleichen Jacken, Hosen, Hemden, T-Shirts, so daß es am Anfang schon mal ein großes Durcheinander gibt und jeder schleunigst sein Zeichen in die Jack-Wolfskin-Kleidung malt.

Ach ja – malen – ich werde langsam unruhig und auch ein wenig unzufrieden darüber, nichts in mein Skizzenbuch geschrieben oder gezeichnet zu haben. In den Seitentaschen der Wolfskinhosen hatte dieses Buch seinen ständigen Platz, und es sollte zu jeder Gelegenheit und spontan seine Aufgabe erfüllen.

Wir segeln durch die Fjorde an steilen Berghängen vorbei zu verlassenen Fischerorten in einsamen Buchten.
Ich muß jetzt einfach malen. Die Pastellkreiden liegen neben mir auf der Backskiste hinter dem Rudergänger. Wir passieren das Nordkap bei einem traumhaften Licht. Mir macht es überhaupt nichts aus, wenn jeder mal über meine Schulter schaut, um zu sehen, was da entsteht. Im Gegenteil, es motiviert mich, denn ich bin es gewohnt aus den Zeiten in der Werbeagentur, den Gedanken des Kunden sofort in Visionen umzusetzen.

Einlaufen in den Hafen 13:15
und Abfahrt der Hurtigruten ein langer Törn / Donnerstag
Hammerfest 3.7.2002

...schlag, Wunderkerzen und
...ko selbst herausrock. Der Tag wird für Bordarbeiten

Heute feiern wir
Martins Geburtstag.

Die überwältigende Natur, diese unwiederbringliche Stimmung zwingt mich, alles festzuhalten. Alles ist gar nicht möglich, so schnell fließen die Konturen an uns vorbei. Ich speichere die Wolken, die Wellen, das violette Licht. Es wird zum reinsten Marathon.

So entsteht Hammerfest von oben. Leute schauen mir zu, sprechen mich auf norwegisch an, ich antworte auf dänisch. Dies sei der Anfang einer langen Reise gen Osten. „**Jawellja**", sagen die Norweger erstaunt. Es bringt mir Spaß, mich mit dem Stift der Umgebung zu nähern. Mit jedem Strich, den du machst, gestaltest du das Objekt nach, also erfährst du eine ganz intensive Erlebnisebene.

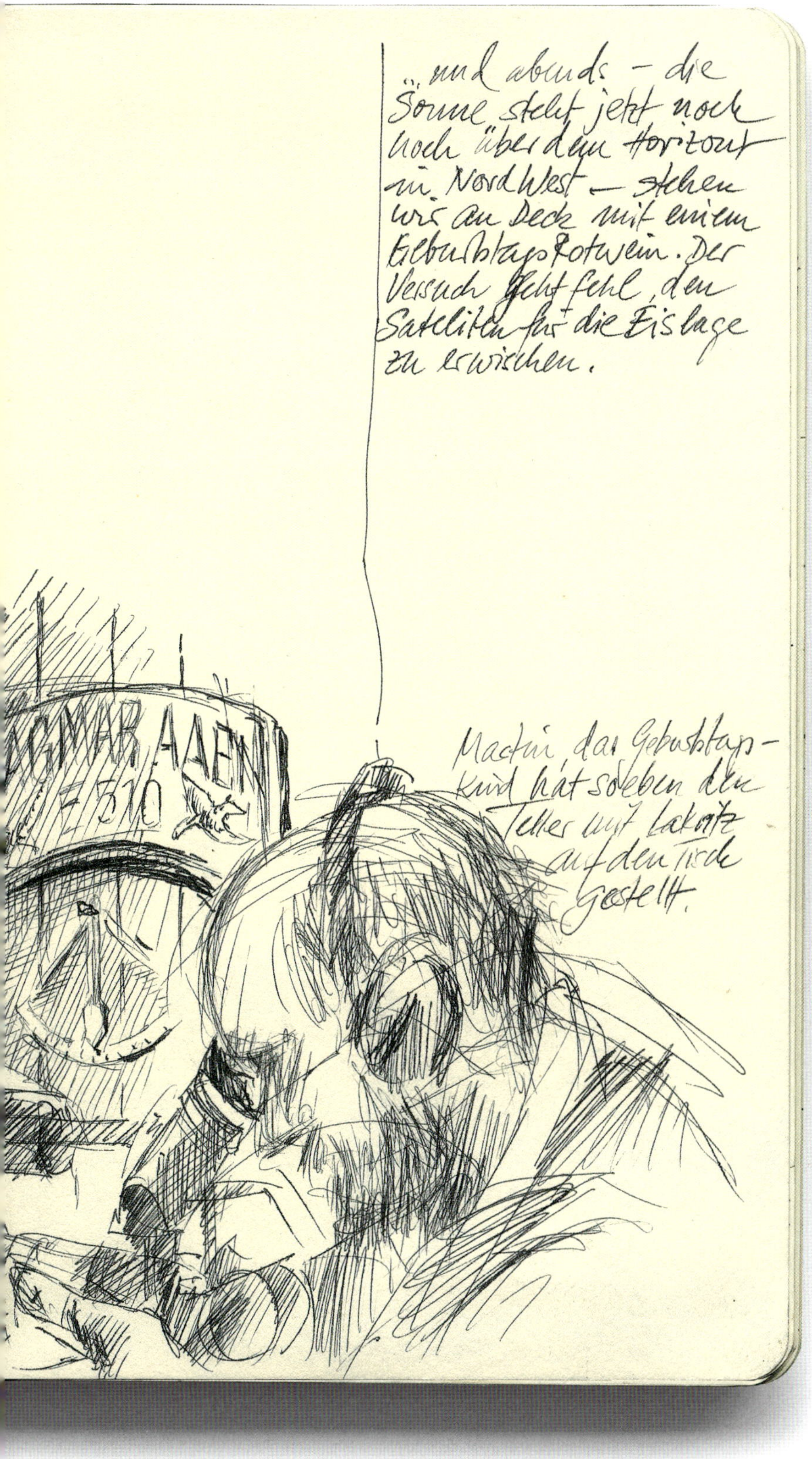

„...und abends – die Sonne steht jetzt noch hoch über dem Horizont in Nord West – stehen wir an Deck mit einem Geburtstagsrotwein. Der Versuch geht fehl, den Satelliten für die Eislage zu erwischen.

Martin, das Geburtstagskind hat soeben den Teller mit Lakritz auf den Tisch gestellt.

Torsten ist immer sehr gewissenhaft dabei, die Technik für Foto oder Film vorzubereiten.

Ich gewöhne mich langsam an die Aufgabe, alles zeichnerisch festhalten zu müssen.
Minute für Minute ziehen immer wieder neue Motive vorbei.

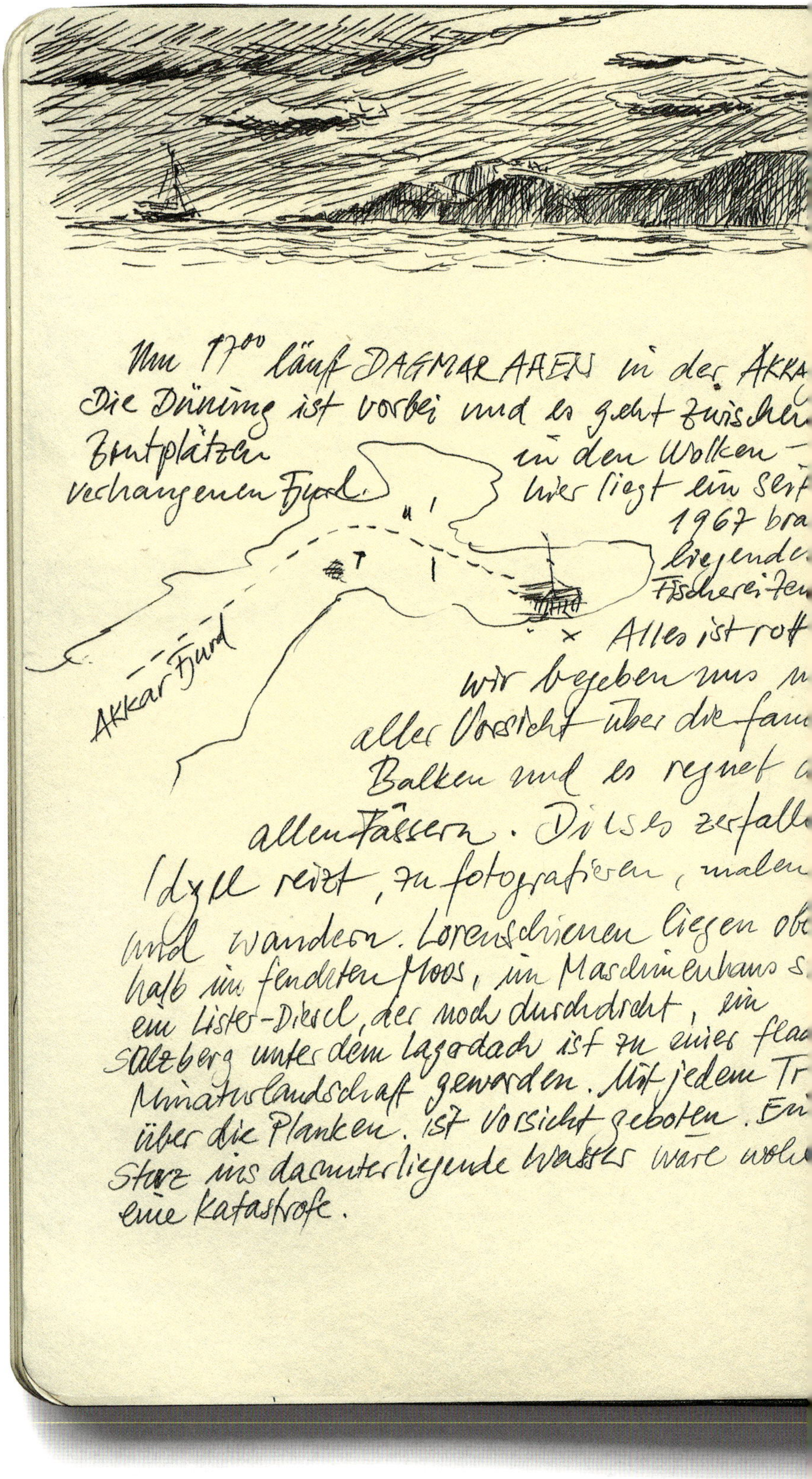

Um 17:00 läuft DAGMAR AAEN in der AKKA
Die Dünung ist vorbei und es geht zwischen
Brutplätzen   in den Wolken -
verhangenen Fjord.   hier liegt ein sei
                              1967 bra
                              liegende
                              Fischereifa
                    × Alles ist rot
              wir begeben uns m
      aller Vorsicht über die fau
          Balken und es regnet a
allen Fässern. Dieses zerfalle
Idyll reizt zu fotografieren, malen
und wandern. Lorenschienen liegen ober
halb im feuchten Moos, im Maschinenhaus s
ein Lister-Diesel, der noch durchdreht, ein
Salzberg unter dem Lagerdach ist zu einer fla
Miniaturlandschaft geworden. Mit jedem Tr
über die Planken ist Vorsicht geboten. Ein
Sturz ins darunterliegende Wasser wäre wohl
eine Katastrofe.

Akkar Fjord

Akkar-Fjord

Die nächsten Hafenplätze werde ich ebenfalls von oben zeichnen, wenn es geht. Die alten Fischereiplätze sind menschenleer, zusammengebrochen, schon seit Mitte der sechziger Jahre ist hier im Akkar-Fjord kein Fischer mehr tätig. Malerisch, gerade deswegen.

Der alte Fischereihafen Honningsvåg ist unser nächstes Ziel. Wir werden hier schon empfangen, man weiß bereits aus der Zeitung, daß DAGMAR AAEN auf dem Weg zur Nordost-Passage ist, und wir dürfen an der Hotelanlage auf Steuerbordseite anlegen. Zum Museum geworden sind die alten Garn- und Lagerhäuser, die dem „Verein der Fischerfrauen" gehören. Das Haus von Trond Selnes, er hatte uns gleich eingeladen, steht am schönsten Platz des Ortes. Er ist Zimmermann und restauriert die historischen Gebäude mit alten Materialien, wie zum Beispiel Schiefer.

Honningsvåg 22.40 Uhr am 7. Juli 2002
Die Gast- und Wohnhäuser gehören dem Verein
Fischer-Frauen in Honningsvåg.

Trondshaus liegt obenrecht
"der beste Platz im Ort" sagt Trond

Dagmar Aaen mit 6 Knoten im Porsanger Fjord 18.35 Uhr – 8. Juli 2002

Honningvåg, von der Terrasse von Tronds Haus, 7. Juli 2002 19:00 Uhr

Eigentlich kamen wir mit DAGMAR AAEN als Fremde in den Hafen von Honningsvåg. Trond war der erste, der uns die Leinen abnahm und mit einem herzlichen „Welkommen" uns gleich in sein Haus einlud. Es ist das schönste Haus mit dem besten Blick über den Ort. Weil ich ihm die bereits fertiggestellten Pastelle vom Nordkap nicht verkaufen durfte (die Mannschaft war empört, als diese Frage aufkam), malte ich ihm ein paar Bilder neu.

Montag 8. Juli 2002 / Noch in Honningsvåg
Wir haben eine ruhige Nacht längsseits
des Hotels Honningsvåg Brygga. Elise hat mit dem Hotel-
besitzer die Duschen-Frage geklärt. – dann
ziehen frische Düfte über den Frühstücks:
10:00 ist Auslaufen angesagt, um eine
Bucht zum Tauchen anzulaufen. Es soll
in dieser Gegend die Riesenkrebse zu find
sein. Wollen mal sehen. Im Übrigen ist
die Stimmung an Bord sehr ausgeglichen
von fröhlich bis gemütlich, von pfiffig
bis beschäftigt, denn jeder verfolgt a
Bord seine Aufgaben. Frank sitzt gerad
an der kurzwellen Übertragung über Kiel Rad..
"Du mußt einfach daran Glauben, daß e
nicht an Dir liegt"...sagt Frank, weil die
Sendung und der Empfang gerade mal wi
nicht kontrollierbar ist.
Auslaufen 11:00 Uhr. Setzen Segel, die Costa Euro
ein weißer Kreuzfahrer geht vor Anker, wir laufen
Kurs 72° in den
PORSANGER
FJORDEN

Martin notiert die Wetterbeobachtung Luft 10,2°
Wolken CL4 (CLOUDS/LOW) Wind 3-4 WSW
Während des Tages

Dienstag 9. Juli 2002 04.00
Martin, Elise und ich lösen die Wache
von Katja und Markus ab. Der Wind
hat abgenommen, das Großsegel steht auf
Steuerbordseite und schlägt im leichten
Seegang. Ausgerechnet, während ich in
der Koje lag, passierten wir den Leuchtturm
"Fetnes", dem ich leider keine Aufmerksam-
keit schenken konnte.

Wir segeln weiter gen Osten, suchen die King-Crabs, die im Kongsfjord leben sollen. Silbriggrau stehen die alten verfallenen Holzhütten im menschenleeren Hafen. Wir liegen an der Versorgungspier.
In diesen Hafen sollen die King-Crabs kommen, mit einer Größe von mehr als einem Meter.
Gefangen werden sie hier mit einem besonderen Trick. Die Fischer ziehen einen Ponton ins flache Wasser, hängen Netze rundherum, die bis auf den Grund reichen. Dann werden die großen Tiere, kaum oben angekommen, nur geerntet.

Elise ist nicht zu bremsen. Das ist auch gut so, denn ein Dorsch nach dem anderen kommt an Deck und will „getauft" werden.

9. Juli:
Um 04.50 hat Elise unseren ersten Fang angesagt. Mit 1,2 Knoten Fahrt holen wir einen dorschähnlichen (wir schauen gerade nach) Fisch an Deck, ein Kabeljau. Um 06.00 Uhr haben wir den 3.

Noch hat der Golfstrom Einfluß auf die Wassertemperatur, heute mißt Martin 9,5°, Luft um 06.30 9,1°. Das Tageslicht wird durch eine Wolkenschicht etwas gedämpft, aber die Sonne steht um 7.00 wieder recht hoch. Zwischendurch sieht man ein klares Blau durch das graublaue Wolkenband. Wir nähern uns unserem Zielhafen BERLEVÅG, der weiße kantige Leuchtturm hebt sich vor dem bläulichgrauen Hintergrund gut ab. Die Schneeflecken liegen hier schon tiefer.
07.15

inzwischen segeln wir wieder mit leichter Brise 3,2 Knoten in weicher Dünung.

TANAFJORDEN

Um 08:00 Uhr kommt Henryk und löst uns ab. Er nennt gleich 3 Namen für unseren Fang. WILLI, ERWIN, JUTTA und ein vierter mit Namen Harry und Gaby als 5. Fisch.
Heute Abend gibts also F i s c h.
Um 10.15 machen wir in BERLEVÅG fest. Aber - an der einzigen Möglichkeit

zu liegen, ist die Pause schnell zu ende. Kurzes Verholen an die Versorgungspier und weg. Zum Tauchen nach den Riesenkrebsen wird ein anderer Ort empfohlen.
Kongsfjord 15 Seemeilen s-östlich von Berlevåg. Nach 2½ Stunden gehts in den klaren Kongsfjord und an Steuerbord hinter einer langen Mole liegt der Hafen. Kleine Häuschen umsäumen ein Fischereiplatz, der ebenfalls verfällt. Nur ein kleiner Teil ist funktionsfähig der Rest ist kaputt.

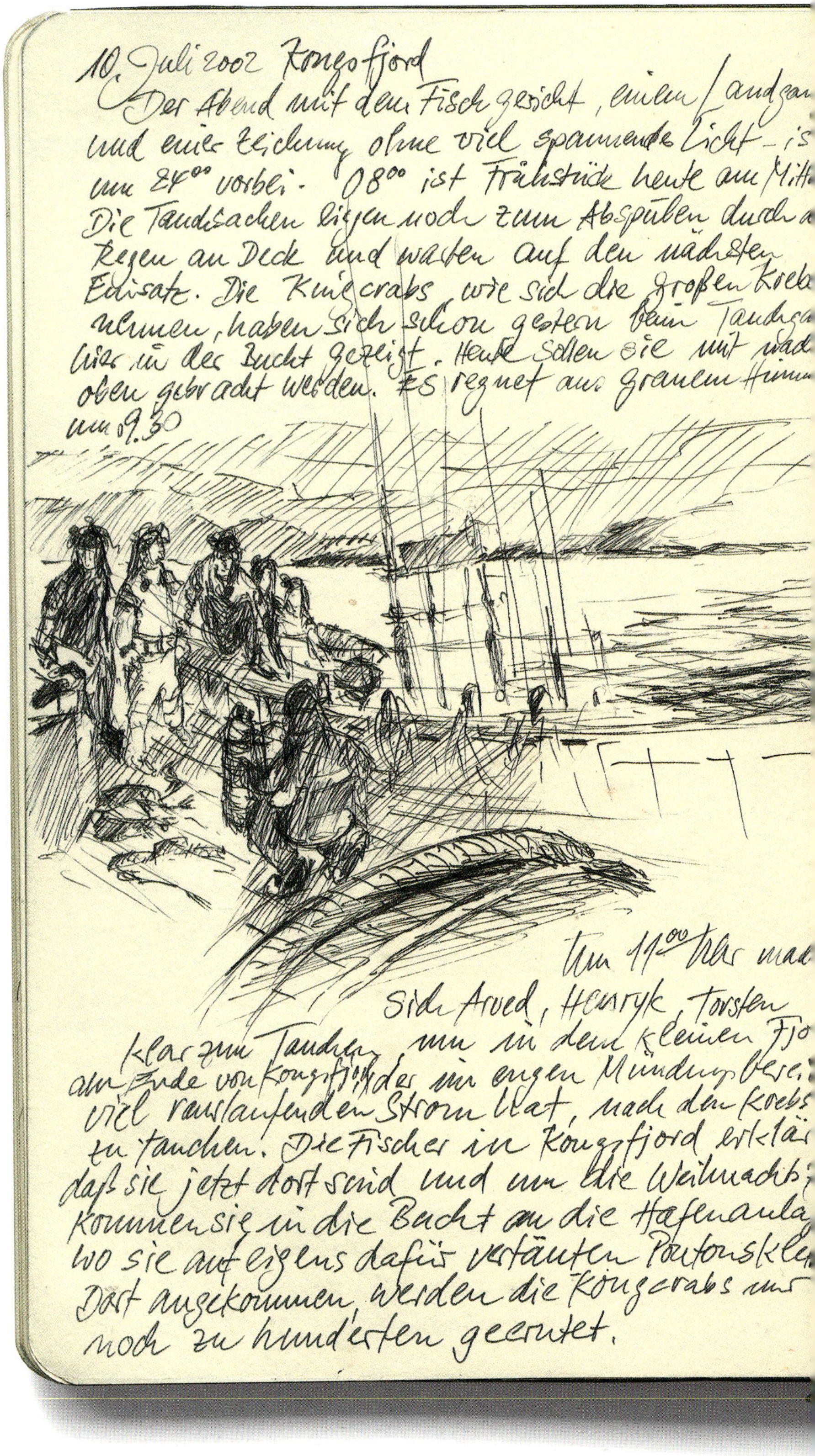

Arved stellt für den heutigen Tag eine Tauchergruppe zusammen. Sie wollen in dem Innenfjord nach den großen King-Crabs tauchen.
Sie kommen zurück – heute ohne Erfolg.

10. Juli 2002 Kongsfjord
Der Abend mit dem Fisch gesicht, einem Land gang und einer Zeichnung ohne viel spannendes Licht - ist um 24⁰⁰ vorbei. 08⁰⁰ ist Frühstück heute am Mitt. Die Tauchsachen liegen noch zum Abspülen durch a Regen an Deck und warten auf den nächsten Einsatz. Die Kingcrabs, wie sich die großen Krabb nennen, haben sich schon gestern beim Tauchga hier in der Bucht gezeigt. Heute sollen sie mit Wad oben gebracht werden. Es regnet aus grauem Himm um 09.30

Um 11⁰⁰ klar ma sich Arved, Henryk, Torsten klar zum Tauchen, um in dem kleinen Fjo am Ende von Kongsfjord, der im engen Mündungsber viel auslaufenden Strom hat, nach den Krebs zu tauchen. Die Fischer in Kongsfjord erklä daß sie jetzt dort sind und um die Weihnacht kommen sie in die Bucht an die Hafenanla wo sie auf eigens dafür vertäuten Pontonskl Dort angekommen, werden die Kongcrabs nu noch zu hunderten geerntet.

Wir laufen 13:45 Uhr, nach Übernahme von
Schlauchboot und der Ausrüstung, in Richtung VARDØ.
Wind ca 4-5 aus NO, Seegang gegenan und
Nieselregen. Die Sicht ist trübe.

Für Martin, Elise
und mich beginnt
die Wache wieder um
16:00 Uhr.

16:00 – 20:00 Wache

Jetzt ist das Wetter richtig gegen uns. Regen
und schlechte Sicht, Welle gegenan. Callesen
arbeitet unermüdlich, die Selbststeueranlage
mit dem Namen "Paul" ist zuverlässig aber
das Hydrauliköl läuft aus dem Überlauftopf
die Leitung nach unten in Arveds Koje,
die direkt unter dem Ruderstand achtern
liegt. Elise hat inzwischen wieder einen
tollen Auflauf im Ofen und bei Ablösung der
Wachmannschaft mit (Markus und Katja)
nein, die haben wir abgelöst, mit Frank und
Henryk, gehts erstmal in den warmen
Salon. "Dagmar" geht inzwischen nicht
mehr ganz zu Kehr, das Wetter hat etwas
aufgeklart und um 21.30 gehen wir in
den Hafen von VARDØ. An ein altes Lagerhaus,
das nur noch von Möwen bewohnt wird und
bestimmt schon stand, als Fr. Nansen 1893 seine
3 Jahre dauernde Nordpol Expedition von hier startete.

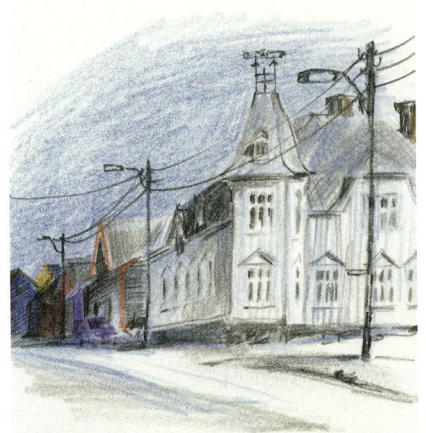

Ganz selten aber liebevoll restauriert Häuser aus der Gründerzeit.

Ein wenig wie eine Westernstadt kommt sie mir vor, die Stadt Vardø. Aber es liegt wohl auch daran, daß es mehr Winterzeit als Sommerzeit hier oben gibt. Das Leben spielt sich hauptsächlich in den Häusern ab.

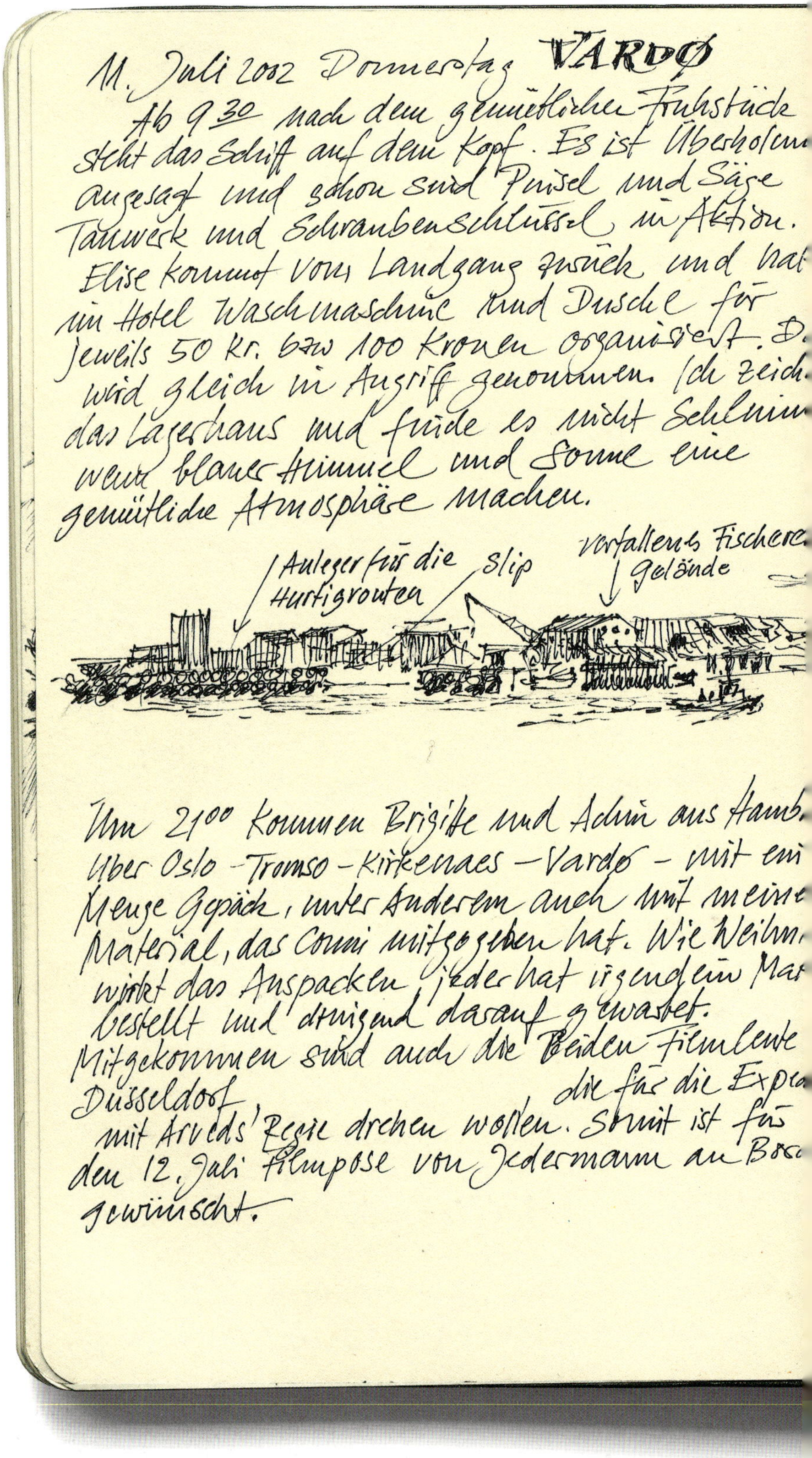

11. Juli 2002 Donnerstag VARDØ

Ab 9^{30} nach dem gemütlichen Frühstück steht das Schiff auf dem Kopf. Es ist Überholen angesagt und schon sind Pinsel und Säge Tauwerk und Schraubenschlüssel in Aktion. Elise kommt vom Landgang zurück und hat im Hotel Waschmaschine und Dusche für jeweils 50 Kr. bzw 100 Kronen organisiert. D. wird gleich in Angriff genommen. Ich zeich das Lagerhaus und finde es nicht schlimm wenn blauer Himmel und Sonne eine gemütliche Atmosphäre machen.

Um 21^{00} kommen Brigitte und Achim aus Hamb über Oslo – Tromso – Kirkenaes – Vardø – mit ein Menge Gepäck, unter Anderem auch mit meine Material, das Conni mitgegeben hat. Wie Weihn wirkt das Auspacken, jeder hat irgendein Ma bestellt und dringend darauf gewartet. Mitgekommen sind auch die Beiden Filmleute Düsseldorf die für die Expe mit Arveds Regie drehen wollen. Somit ist für den 12. Juli Filmpose von Jedermann an Bo gewünscht.

DAGMAR AAEN segelt weiter, Kurs Murmansk. Eine letzte Impression der norwegischen Schären. Die großen Fähren der Hurtigruten sind in der blauen Silhouette der Berge kleine Farbkleckse. Dann ist der Varanger-Fjord passiert. Die Nacht ist taghell, und keiner wird richtig müde. Am 14. Juli, 16.30 Uhr, erreichen wir russisches Hoheitsgebiet. Die Position ist 70°05' 6" N und 32°20' 6" O.

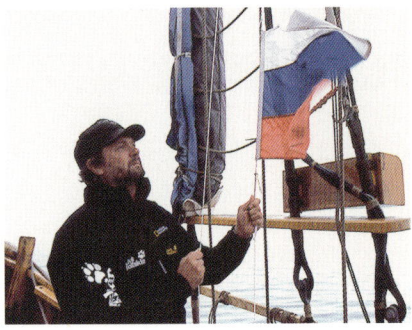

Arved setzt die russische Flagge, und Henryk singt die russische Nationalhymne. Somit wird dieser Augenblick richtig feierlich, und Elise bringt Kaffee und Kekse an Deck. Wir segeln die Küste entlang – weit im Süden blauviolette Bergrücken. Henryk übernimmt per Funk den Kontakt zur Küstenwache. Alles nach Vorschrift in den richtigen Zeitabständen. Ein Küstenwachboot der russischen Border Guard kommt auf uns zu. Um 03.15 Uhr werden wir aufgefordert, die Maschine zu stoppen. Ein rotes Schlauchboot mit zwei Uniformierten setzt zu uns rüber.

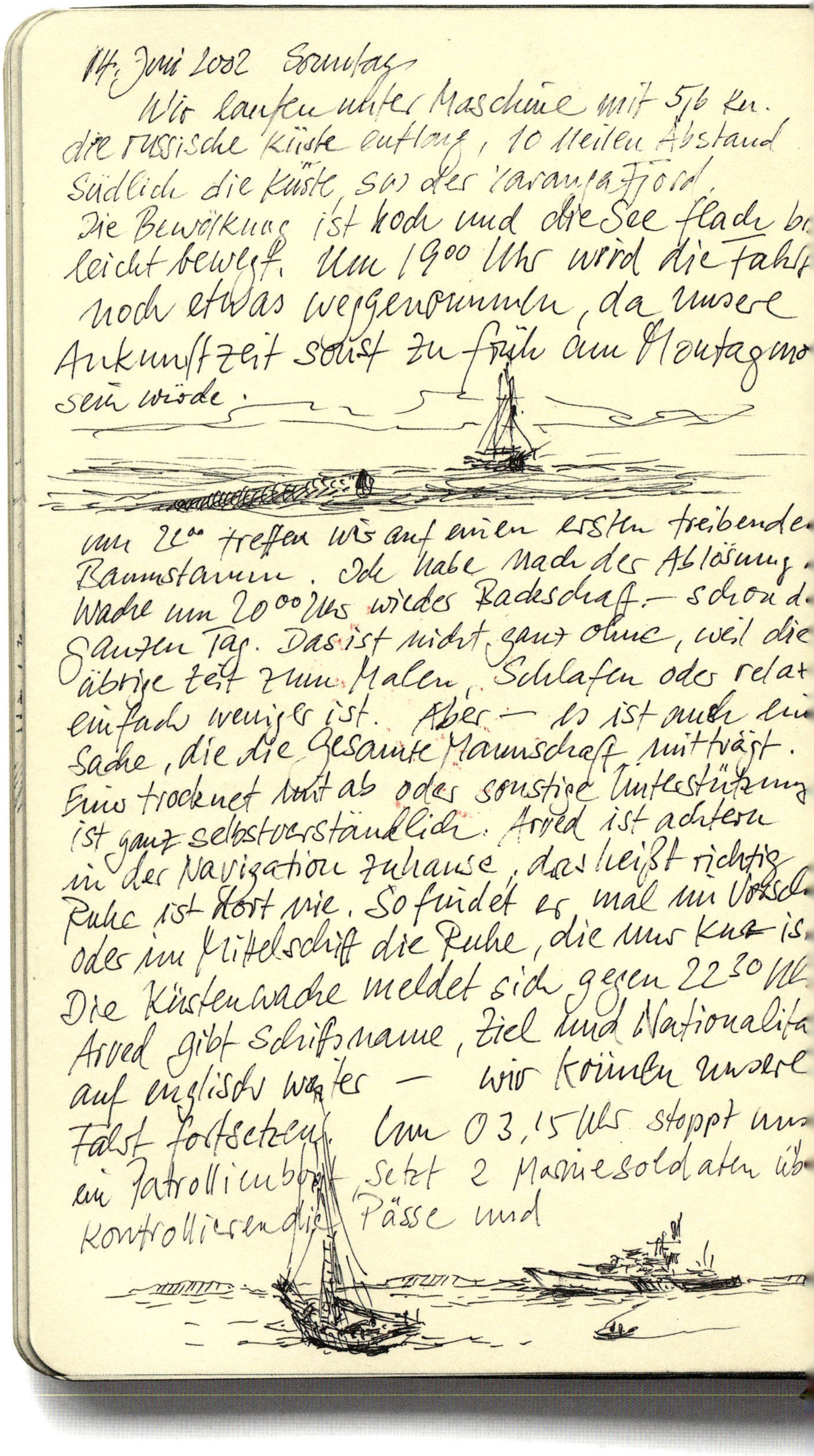

14. Juni 2002 Sonntag
Wir laufen unter Maschine mit 5,6 kn.
die russische Küste entlang, 10 Meilen Abstand
Südlich die Küste, SW der Varanger Fjord.
Die Bewölkung ist hoch und die See flach bi
leicht bewegt. Um 19^{00} Uhr wird die Fahrt
noch etwas weggenommen, da unsere
Ankunftzeit sonst zu früh am Montagmo
sein würde.

um 22^{00} treffen wir auf einen ersten treibenden
Baumstamm. Ich habe nach der Ablösung
Wache um 20^{00} Uhr wieder Backschaft – schon d.
ganzen Tag. Das ist nicht ganz ohne, weil die
übrige Zeit zum Malen, Schlafen oder relax
einfach weniger ist. Aber – es ist auch ein
Sache, die die gesamte Mannschaft mitträgt.
Einer trocknet mit ab oder sonstige Unterstützung
ist ganz selbstverständlich. Arved ist achtern
in der Navigation zuhause, das heißt richtig
Ruhe ist dort nie. So findet er mal im Vorsch
oder im Mittelschiff die Ruhe, die nur kurz is.
Die Küstenwache meldet sich gegen 22^{30} Uh
Arved gibt Schiffsname, Ziel und Nationalitä
auf englisch weiter – wir können unsere
Fahrt fortsetzen. Um 03.15 Uhr stoppt uns
ein Patrouillenboot setzt 2 Marinesoldaten über
kontrollieren die Pässe und

„Good morning", rufen die beiden. Wir helfen ihnen an Deck. „My name is Jura, Leutnant Commander." Wir erleben die Behördenmaschinerie in allen Einzelheiten. Mehr als 3 ½ Stunden dümpeln wir mit den beiden Russen an Bord. Funkgespräche hin und her, es wird derweil geangelt, und nach 25 Dorschen geht es um 07.00 Uhr im Konvoi nach Murmansk.

Westseite des Fjordes vor Murmansk. 15.

symbolisch für die ganze Küste – Wracks – Wracks

Im Murmansk-Fjord passieren wir die traurigen Reste von Frachtern und Kriegsschiffen, die halb abgesoffen an der Küste ihrem Ende entgegenrosten. Murmansk hält uns zwölf Tage fest. Alle Genehmigungen für die Nordost-Passage waren nicht auffindbar. Erst am Schluß, nach täglichen Landgängen und Begegnungen mit den Menschen in Murmansk, gab es das O. K. für den „Nördlichen Seeweg".

1.30 Uhr

Bordzeit 13.30 (15.30)
am 15. Juli in Murmansk – wir folgen
einem Schlepper, der unser neuer
"Vorfahrer" ist.

zuerst das tiefgehende U-Boot — dann Dagmar Aaen dann die Coast Guard 0900
Die Zeit in Murmansk ist 2 Stunden später — also 11⁰⁰ Uhr

angelegt in Murmansk
um 14⁰⁶
Bordzeit
16.⁰⁰

Landwache

In Murmansk herrscht Hochsommer. Wir sind täglich unterwegs in die Innenstadt. Der Weg führt vom Hafen über die Brücke zum Bahnhof. Das Gebäude aus der Gründerzeit mit dem roten Sowjetstern über der Kuppel hat etwas Besonderes. Unten auf den Gleisen werden Güterzüge zusammengestellt, und ständig ertönen die Pfeifsignale der Dieselloks. Es ist Bewegung in der Luft.

Hier im Hafen von Murmansk kommt Slava an Bord. Er wohnt südlich von Moskau und hatte für Arved alle Genehmigungen für die Nordost-Passage perfekt geregelt. Scheinbar vergebens?

15. Juli Murmansk Montag
Die offizielle Begleitung wird noch erhöht durch die Abordnung der Hafenbehörden. Der Schlepper hat uns bis an einen Ponton neben der Kohleverladung gebracht. Henryk und Arved erklären sich bereit, den Behördenkram mit den beiden uniformierten Frauen und ihrem männlichen Aktenträger abzuwickeln. Kurz: alles ist in Ordnung. Jura, der Coast Guard Officer, bezeugt mehrmals, daß sich die Crew und das Schiff vorbildlich verhalten hat. Keine Beanstandungen. Trotzdem – noch einmal d. Backskisten, Schränke, das Müllfaß – nur reinschauen. Am Schluß – alles o.k. Nur noch zum Verholen an eine andere Stelle, es ist das "Fährterminal", einen Lotsen ordern

ganz im Süden die Fischereianlagen in der Mitte Kohle-
und Stückgutverladung – im Norden Kraftwerke und Militär

Er steht mit Blick gen Westen gerichtet, 169 Meter hoch über dem Murmansk-Fjord – der „Aljuscha", Symbol des russischen Soldaten. Die Lampen für die nächtliche Illumination haben die Bürger von Murmansk abmontiert. Man wollte ihn nicht auch noch zur Nachtzeit ertragen müssen.

Frank Mertens ist mit der Kommunikations-Elektronik vertraut, und wenn es mal nicht funktioniert: „Du mußt immer daran glauben, daß es nicht an dir liegt."

Nicht die Bordpartys sind anstrengend, sondern die Ungewißheit und das Gefühl, daß diese gesellige Runde noch nicht das Freudenfest ist.
Die erneute Genehmigungsphase für die Nordost-Passage braucht mehrere Anstöße mit Wodka und gegravertem Lachs.

Im Dock liegen die beiden großen Atom-Eisbrecher. Werden sie überholt für den nächsten Einsatz im Nördlichen Seeweg? Niemand gibt uns darüber Auskunft.

18. Juli Donnerstag in Murmansk

Der Morgen nach der Bordparty beginnt schleppend. Es scheint die Sonne, das Wetter ist unglaublich. Termine werden nachmittags wahrgenommen.

Die atomgetriebenen Eisbrecher dieser Zeich[...]

In Wartestellung oder unterwegs zum Fotografieren ist die Mannschaft verstreut. Man trifft sich zum Essen um 20:00 Uhr wieder an Bord und Elise ist mit Elan und Spaß bemüht, immer etwas Schmackhaftes auf die Back zu stellen. Die Rück[kehr] von Slawa und Arold wird mit Spannung erwart[et]. Murmansk shipping Company, die Hafenbehörde, die Lotsen, alle haben einen positiven Eindruck des Dagmar Aaen und ihrer Führung. Also - Ar[old] und Slawa kommen mit glänzenden Augen an Bord, weil sie mit der russischen Art mithalt[en] mußten, positive Entwicklungen mit Wodka oder [...] zu begießen.

19. Juli, Freitag.
Die einzige Frage die noch offen ist – der Lotse.
Entweder wir suchen uns einen Eislotsen auf
eine Faust oder es gibt das Angebot von

Die Rubelscheine sehen wertvoller aus, als sie es sind. 30 Rubel für einen Euro.

Jeder Tag im Hafen von Murmansk ist anders. Das Licht, der Himmel, der die Nachtwolken in kraftvollen Farben gestaltet, ist wie eine Bühne. So tauchen wir während unserer Wartezeit immer wieder in neue Stimmungen ein. Die Mannschaft der VAGABOND ist auch dabei.

Farbenspiele bis zum frühen Morgen –
im arktischen Sommer von Murmansk.

Sonnabend 20. Juli 2002 Murmansk

*Die Nacht war ganz schön unruhig. Das Unterwelt mil
was versucht, unser Schiff als verdienst quelle zu übersten
was nicht gerade unserem Anliegen in Murmansk di[ent].
Aber nach einem gemütliche Frühstück und Einkäufe f[ür]
die Pizza heute abend - gehts mit meiner Lieblingsfä[hre]
auf die andere Seite. Hier auf der Anhöhe hat man
einen schönen Blick auf die Ostseite, unseres Liegepl[atzes].
Übrigens haben wir gestern abend schön gesaunt auf de[r]
Werkstatt Ponton, was allen einen duftigen Schub [gab].*

Spannend ist es immer wieder, eine Stadt von oben zeichnerisch zu erobern. Mein Skizzenbuch ist dabei, hier oben auf der Westseite, auf der wir eigentlich nicht sein dürfen.

...f dieser Seite, dem Westufer, werden die Schiffe der
'Sowjetischen' Marine abgewrackt.

Der Liegeplatz von Dagmar Aaen, am Fähranleger
Murmansk.

Elise
Marzip..
Brötch..

16.00 Uhr — Sonntag 21.
2002

500 g Mehl
150 g Zucker
1 Prise Salz
1 Packung Hefe
1/4 l Milch
2 Eßlöffel gemahl. Zimt
200 g Marzipan
1 Ei
150 g Margarine

Vorteig: Mehl, 75 g Fett
- Salz, 100 g Zucker, Hefe in die Mitte. Lauwarme Milch d.. leicht verrühren, 20 Min.. gehen lassen.
- dann mit restlicher Milch d.. Teig durchkneten.
- Hefeteig 1/2 cm dick ausroll..
- restl. Fett schmelzen, Plat.. bestreichen.
- Zimt u. Zucker mischen u.. über den Teig streuen.
- Marzipanmasse zwischen 2.. ausrollen und auf den Teig..

a *b*

c

it restlichem Zimt
...ker bestreuen.
Teig aufrollen
in 2 cm dicke
...eiben schneiden
30 Minuten auf
...u Blech gehen
...sen
...m 10-15 Minuten
...i 225°C backen

Guten Appetit
und
hoffentlich viele Tabletts voll

E lise ist immer aktiv, um das Beste auf den Tisch zu bringen. Bei der Mannschaft kommt es gut an, ist es doch das Geheimnis für eine gute Stimmung an Bord.

Achim als ehemaliger Fluglotse ist in der Elektronik zu Hause, und handwerkliche Arbeiten sind seine Spezialität.

Pilze dieser Art

Die Multe Beere findet man auf der Westseite, von dort

Abwracken — Abwracken — Abwracken .....

Die Nacht zum Sonntag wird immer schöner 01.00 Uhr. Die violettblauen Wolken haben rosafarbene Ränder am hellblauen Horizont. Obwohl Arved heute die Nachtruhe ab 24.00 festgelegt hat, stehen wir mit der Mannschaft von VAGABOND an Deck. Es ist eine Laune in der die immer leerer werdenden Bierflaschen Nr. 9. Katja hat die Nachtwache 02 - 04.00 Uhr, Tom 04.00 bis 06.00. Gute Nacht.

Sonntag, 21. Juli 2002   Murmansk
Nach einer ruhigen Nacht, Frühstück –
um 12:00 Uhr sitzen wir an Deck bei sonnigem Wetter
Jeder hat einen Plan, was an diesem Tag gemacht
wird. Und – Machnitzki soll kommen

Das feine Typhon "MARCO"
muß von Achim repariert werden.
Das Gußteil für den Membrankopf
ist verzogen und muß plangefeilt werden.
Arved hat den Außenborder auseinander, Markus
und Katja sind im Rigg und die Fotografen und
Kameraleute Torsten und Frank sind auf Motivjagd.
Auf die Frage: "Würdest Du ein Buch davon machen"

Einer fängt an, und im nächsten Augenblick wird an Deck geschraubt, gemalt, getakelt – Markus kennt sich mit Arbeiten im Rigg bestens aus –,

und am Abend ist wieder eine gewisse Zufriedenheit eingekehrt.

Mein Skizzenbuch benutze ich wie eine Kamera. Fast süchtig, alles zu zeichnen, was in meinen Blickwinkel gerät.

Dagmar Aaen
Liegeplatz

Im Hotel ARCTICA
sitzen wir im 6. Stock
und schauen auf den
Hafen bei Bier und
Vodka
Achim, Slava, Uli
21.30 Uhr

Das Landprogramm ist schon wichtig nach so langer Wartezeit. Die Banja ist in diesen Breiten ein kulturelles Gut. Eine wahre Luxussauna macht uns wieder fit.

Sauna und Wäs...
14:30 bis 17:30 Uhr
Else hat die Sauna für uns angetan. 1200
für 8 Leute und das für eine abgeschlossene
kleine Anlage mit Partyraum, Tauch-schwim...
Duschen. Nach unserem Eintreffen zurück
Bord sind frohe Nachrichten das Erste.

Die Genehmigungs Urkunde wird gerade unter
de begossen. Nikolai aus Moskau, Sergej und
Sportseg. Slava. Arved und unser Slava
wie heurige, Martin sitzt auch schon dort
en und Brigitte ist mit Schwung dabei, das
rle Buffet zu richten. Perfektes Timing....
Bord Party bis morgens um 03:00 Uhr.
st eine klare helle Nacht - die
ne steht noch über dem
rizont.

Dienstag, 23. Juli Murmansk
auf der "Vagabond" ist heute die nächste Runde
s Genehmigungs Prozedur. Nikolai, Sergej und
ava sitzen seit dem frühen Vormittag und
mmen um 12:45 an Land. Für unsere Lotsenfrage
l Slava den Slava ansprechen und er trifft sich
uz oben zum Brückenaufgang. — Eine halbe
unde später bricht Jubel aus an Bord von
gmasten - unser Slava ist unser Eislotse.
s ein O.K. aus Moskau wird noch abgewartet,

26. Juli 2002 Murmansk Freitag

Die Bordparty lief wieder bei schönstem N... Südwind, klarer Himmel bei 25° (über Null) Die VAGABOND Mannschaft wird ebenfalls eingeladen Eric, der Skipper, was übrigens auch mit bei Murm... Shipping Company, um dem ganzen Behördenfluß e... Power für das gemeinsame Anliegen zu bieten. Sein... Papiere waren ebenfalls genehmigt aber das Militär... er noch nicht konsultiert und das steht wieder a... einem anderen Blatt. Um 23:00 Uhr wird Slava

LOTSMANN №001
Slava
1 MEILINE

"... Freunde — ich werde für Euch Eis finden"

Endlich ist es soweit. Slava, als unser Eislotse benannt, löst eine besonders große Freude in unserem Team aus. Wir sind und bleiben unter uns auf der kommenden Nordost-Passage.

27. Juli 2002 Sonnabend, Murmansk

06:00 Uhr macht Slava den ersten Anruf bei der Emigration Service. Um 8:00 der zweite Anruf bei E.S. und zwischen durch...

MURMAHCK

Ein Gruppenfoto auf VAGABOND

Ein Gruppenfoto auf Dagmar Aaen

Um 9:30 Uhr soll nun der Emigration Service kommen

CLAUDIYA YELANSKAYA

Schornsten des Schiffes nach Angelsk

Um 9:30 kommt eine Abordnung von 3 Uniformierten (2 Frauen dabei) zur Ankündigung, daß die Emigration Service Leute kommen.

Die Wache: Um 10:00 kommen sie zu 4.

Um 10:45 Uhr laufen wir mit Lotsen aus.

Standby für die massige Parade. Sonnabend 12.25 Uhr Murmansk Fjord.

Noch eine sowje U-Boot.

13.20 Uhr ... noch 9 Meilen bis zum Fjord Anfang — die Bäume sind nicht mehr

Der Lotse geht von Bord.
Noch ein paar Meilen, dann sind
wir draußen in der Barentssee.

28. Juli 2002, 02:30 Eine hohe Dünung von achtern läßt Dag
viel Wasser an Deck schaufeln, entlang des

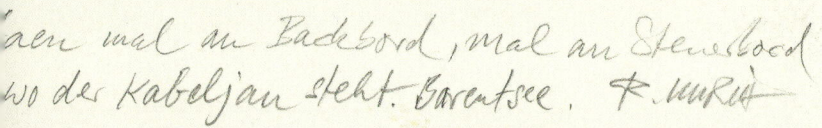

...mal an Backbord, mal an Steuerbord wo der Kabeljau steht. Barentsee. R. MuRa

W ie immer – nach lauschigen, ruhigen Hafentagen geht es rund. Die Wettervorhersagen werden schon vom Lotsen als ungemütlich angekündigt. Wir müssen es annehmen.

Windstärke 8 in der Barentssee fordert die gesamte Crew. Der Nordwestwind wird stärker, wir suchen Lee-Schutz vor der flachen Insel Kolguljev.

Sonntag 28. Juli 2002   kurs 90°
Dieser Tag ist wirklich ungewöhnlich schön. Martin
ist die Wasser- und Lufttemperatur. 8° und
[...]masten läuft unter Maschine – 6,29 knoten
[d]as ist die ökonomischste Fahrtgeschwindigkeit.
[De]r 3 Zylinder Gallesen braucht so ungefähr 10 L.
[D]iesel. Außerdem werden Batterien geladen und
[de]r Wasserbereiter füllt die Frischwasservorräte
[auf]. Die arktische Nacht ist heute durch einen
[Zu]g von Wolken kühler, aber es ist ja hell, die
[Son]ne steht noch über dem Horizont und so geht
[es] Tag für Tag. Unwahrscheinlich – diese
[Wet]terlage.

[M]ontag 29. Juli   kurs 90°   05.00 Uhr
[Di]e Morgenwache 04 – 08 beginnt mit Sonne
[...] Windstärken aus Süd und alle Segel
[ste]hen. Groß Topp Flieger klüver u. Fock / 5 knoten

gegen Nachmittag
frischt es ein. Nur noch
das Groß mit dem
3. Reff bleibt
und bei westl. Wind
5-6 unter
Maschine
kurs 121° ü.G.

Yacht
Wolfskin

Im Dunst eine Bohranlage, Gas wird abgefackelt. Unheimlich wirken die Seen, die sich schlammfarbig kurz vor der Bordwand auftürmen. Der Anker hält auch nach dem dritten Versuch nicht. DAGMAR AAEN reitet beigedreht ruhig die rauhe See ab. Es ist 8.00 Uhr am 31. Juli 2002.

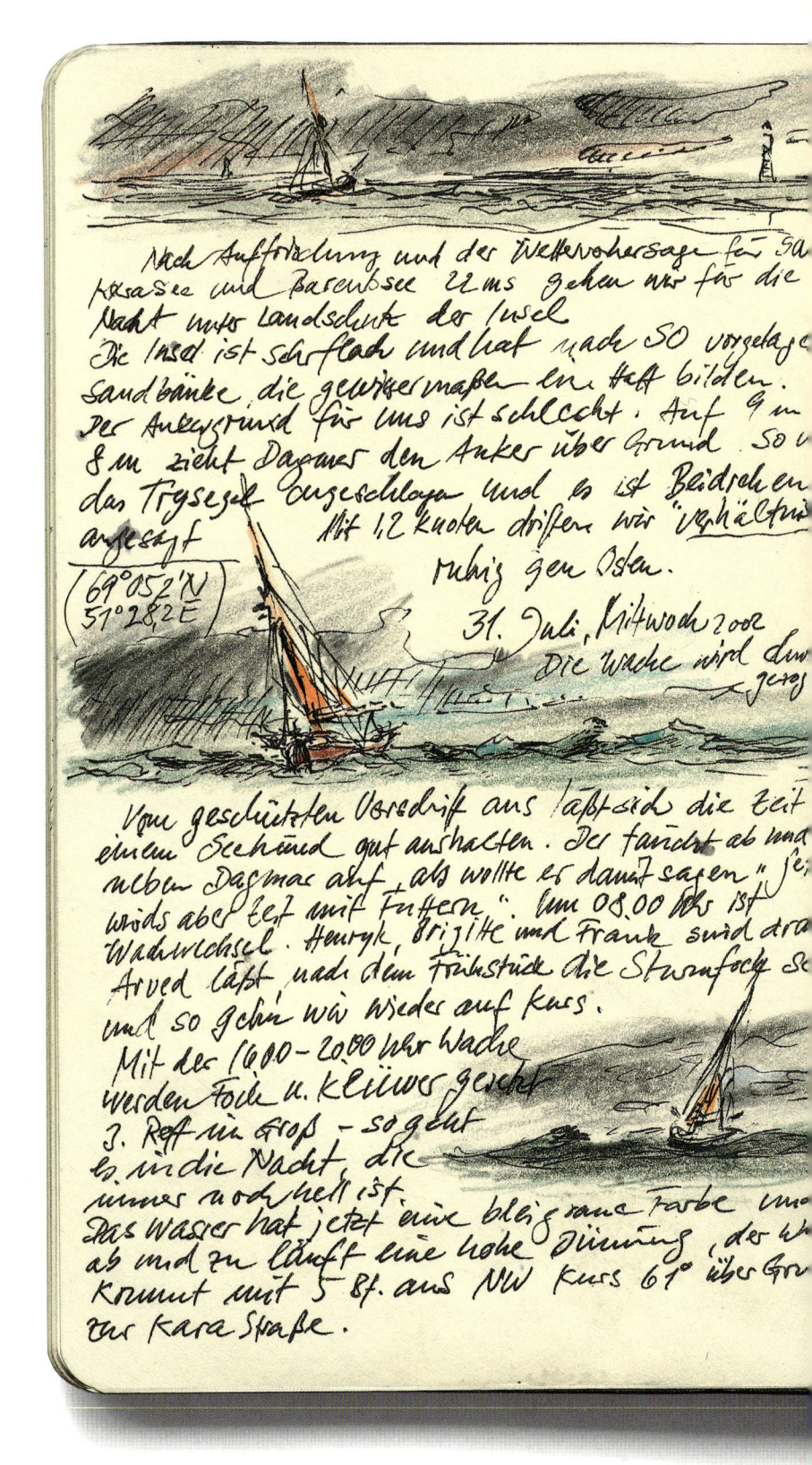

21.40 Uhr
Martin bereitet die
emails für den Deutschen
Wetter Dienst vor. Die
Daten werden täglich
2 mal festgehalten
und übermittelt.
Ein Job, der Konzentra-
tion und Genauigkeit
erfordert.
Meine Beobachtungen
beschränken sich heute
auf die Wellen.
Manchmal bedrohlich
doch scheinen sie sich heran zu wälzen aber Dagmar
hebt sanft das Hinterteil und mit einem Schubs
klatschen ein paar Pützen voll übers Achterdeck.
s Rollen bleibt aber nicht aus.
beruhigt sich über Nacht der Wind bleibt W-NW
5 und in unserer neuen Wache 4-8 Uhr
d die Wassertemperatur von 4,7°C gemessen
5°c. Wir segeln unter Klüver u. Fock mit
m 3. Reff im Groß. 4,5 kn. reichen, um die
en zwischendurch auszugleichen. Grau in grau
hen Bewölkung u. Wellen zueinander
enbar trist und doch zaubert sich Farbe
und zu in die mit Schaumköpfen gekrönten
ellenberge. Noch 70 Meilen bis NOVAJA ZEMLA

Kurs Novaja Semlja. Am 1. August treffen wir auf Eisfelder im Süden der Insel. Aus der Eistonne, 14 Meter über dem Deck, ist die Sicht auf eine mögliche freie Durchfahrt am besten. Die Wache, jeweils im 4-Stunden-Rhythmus eingeteilt, besteht aus jeweils drei Crew-Mitgliedern. Einer am Ruder, einer im Mast und einer vorne am Steven, um den Rudergänger per Handzeichen den besten Kurs zu weisen. Am 3. August haben wir wieder freies Wasser.

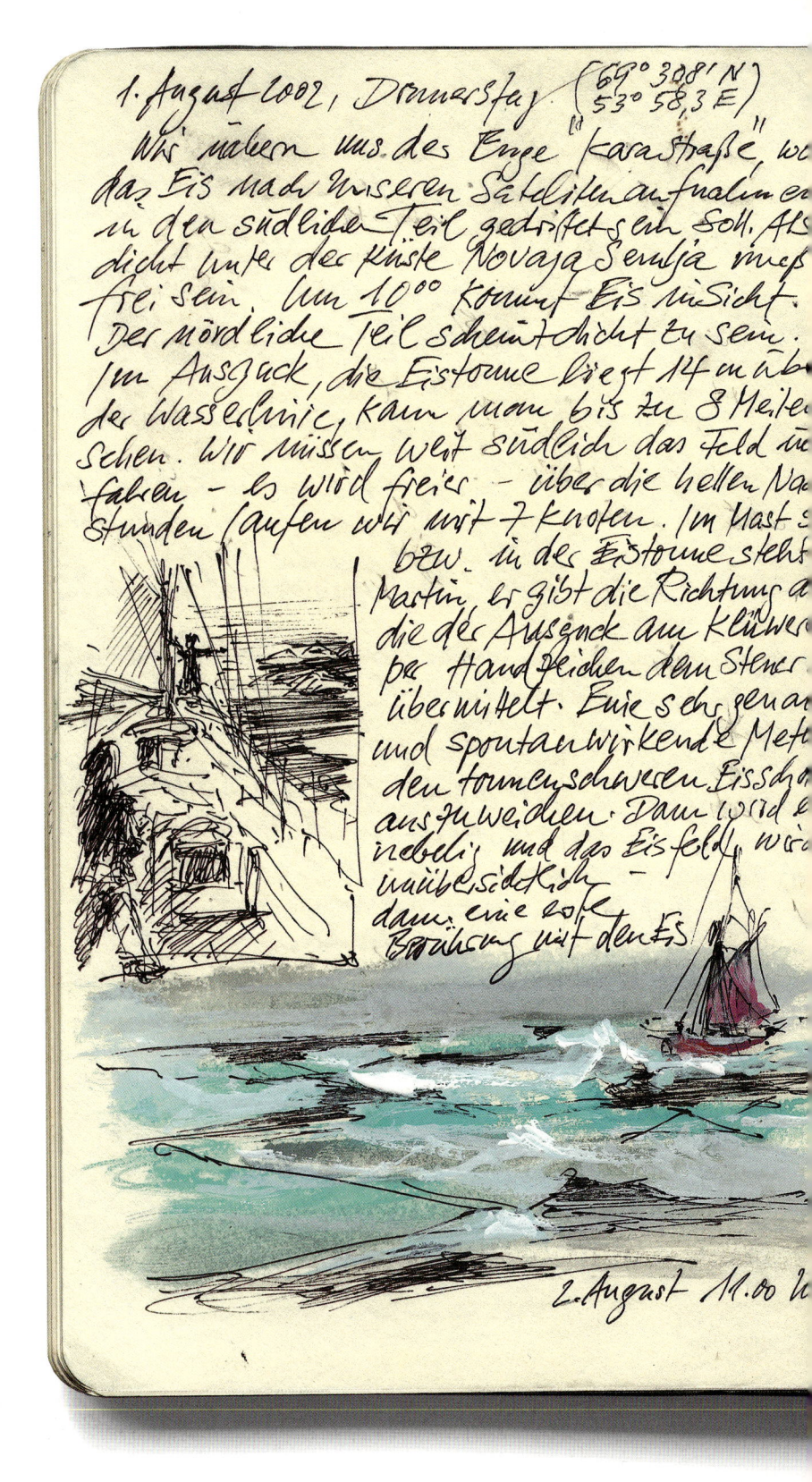

...as Gefühl, in dieser kleinen Welt von Eis
...d Wasser, ist nicht beängstigend, nein im
...enteil. Die zauberhaften Gebilde ziehen
...e Kunstwerke an Dagmar Aaen vorüber. Die
...mmt Käptn Blaubär auf dem Rücken liegend
... ein smaragdgrüner Drache zieht seine
...hn im Gegenkurs. Blaues und grünes Eis
... bleigrauen Wasser und dazu diese Zeit-
...gkeit. Ich weiß nicht mehr – ist es Tag oder
...t, gibt es gleich Frühstück oder Abendbrot.
...ise amüsiert sich: "Du mußt zeitlos
...cklich sein." Ja – das bin ich und ich
...ale weiter die faszinierenden Eisgebilde
...en Augenblick möchte ich verpassen – es ist
... Wahnsinn geworden. Arved kommt aus der
...avi, er ist nicht gerade frohgestimmt über die
...ändig neuen Informationen aus Murmansk.
... wir 2x täglich unsere Position übermitteln,
...einen die Behörden uns mit Nachträgen
...überhäufen. z.B. Fotografieren von Militäranlage-
...bofen. Kurs 50°, Wassertemperatur 4,2°,
...ft 4,5°. Inzwischen gab es das Abendessen,
...zcremesuppe und ein Risotto, Martin hat
...ckschaft und er macht es sehr gründlich.
...orgen bin ich dran. Gute Nacht – ich geh
... in die Koje. 22.35 Uhr. Hm Ohwohl sind
...s mit der Wache dran.

...August 2002. 03.30 – Martin weckt mich, oben
...t der Himmel blau auf, die Sonne hat den
...rizont nicht verlassen. Es ist etwas kälter geworden.
...sser 4,°, Luft 3,5°. Der Wind ist zum Segeln
... schwach, die Maschine läuft immer noch
... dem gemütlichen Callesen-Klang auf 350 Umd.
... bin mit Backschaft dran, das heißt: alles, was
...schirr, Bestecke, Tassen, Fußböden, Müll und Ordnung

2. August 2002 · 11.30 Uhr in der KARA-STRASSE – Dagmar Aaen trifft auf Eisfeld. Maschine voll zurück

2. August 2002, 13.30 Uhr 5 . Kara Straße - Allmählich öffnet sich das Eisfeld in Richtung Nord Ost.   R. Muth

Freitag, 2. August 2002

angeht, ist deine Sache.
Du bist in den 8 freien Stunden bemüht, alles in Ordnung zu halten um wenigstens ein paar Stunden zum Ausruhen und malen zu haben. Die Stimmung an Bord ist mit jedem Wachwechsel immer wieder erfrischend. Mit Logbucheintragungen, Wetterbeobachtungen und dem Spezialgruß, der jedesmal ein fröhliches Lachen auslöst, befindet sich die ganze Mannschaft auf einem guten Stimmungsniveau. Als man mich fragte, ob es überhaupt möglich sei, auf einem so kleinen Schiffsraum mit 11 Leuten drei Monate zu leben, ohne sich auf die Nerven zu gehen, konnte ich auf die Erfahrung der Anderen zurückgreifen: „Es geht, wenn die richtigen Leute zusammen sind."
Das Rezept ist etwas differenzierter.

Man nehme: einen Kapitän, der sein Schiff und seine Aufgabe kennt. Der jedem Mannschaftsmitglied eine Aufgabe überträgt, die durchlaufend für die ganze Expeditionsreise gilt. 2. Beispiel.
Der Koch: Elise, der Fotograf: Torsten, der Funk u. Kommunikationstechniker: Frank, der Computer und Datenfachmann: Ad, der Takelmeister, Katja, Boots- und Steuermann, Markus, der Wachführer, Martin, der Eislotse: Slava, der wie Henryk die Kommunikation mit den russischen Behörden führt. Als Wachgänger Brigitte, als Expeditionsmaler Ulli.
Jeder hat 2 mal am Tag 4 Stunden Wache, die meist zu zweit gemacht wird. 00–04, 04–08, 08–12.
In den 8 Stunden zwischen den Wachen macht jeder seinen Job. Zusätzlich ist jeder einen Tag mit der Backschaft beschäftigt. Jetzt kann man sich leicht vorstellen, daß sich die Anzahl der Mannschaft sichtbar verringert, wenn ein Teil schläft, ein Teil an Deck ist, zwei lesen, einer ist in der Navi-

...nabend 3. August, der Weg nach Dikson.
...mar Aaen läuft unermüdlich mit 6,7 Knoten
...h relativ ruhiges Wasser. Das Wetter ist gut, teils
...eckt, teils klar mit Sonnenschein, wie heute,
...Sonntag, dem 4. August.
...se hat Brötchen gebacken. Es gibt übrigens ganz
...mäßig Frühstück 08.00 Uhr, Mittag 12.00 Uhr,
...ndessen 20.00 Uhr. Zwischendurch hat jeder die
...lichkeit, sich Tee, Kaffee oder Kakao zu machen.
...n der Diesel betriebene Herd läuft Tag und Nacht
...h, heizt somit die Messe auf ca 18° Grad auf.
...it ist auch die Frage geklärt, wie man es
...den kalten Temperaturen aushält.

[Sketch annotations:]
- Barometer
- Bild
- hier ist Katja zuhause
- hier ist Henryk zuhause
- beits... sar
- Backskiste für Proviant
- Katjas Stiefel
- Koffer von Gerd mit meinen Pastellfarben und Papieren.
- Der Reflexofen heizt das Vorschiff bis es zu warm ist. Auf Steuerbord Bug allerdings streikt er.
- Das Vorschiff

Wir sind erleichtert, und insbesondere Arved ist erstaunt über das offene Wasser in dieser Region. Der Wind brist noch etwas auf. Es ist Montag, der 5. August, seit acht Tagen von Murmansk unterwegs. 1992 war DAGMAR AAEN schon einmal in Dikson, Arved kennt also die Ansteuerung, und auch der Ort zeigt sich fast unverändert. Der Aufenthalt in Dikson wird zum Bunkern von Diesel und Wasser genutzt.

Montag, 5. August 2002 — Dikson 08.30

Ansteuerung Dikson von Süd
Resteis an einigen Küstenstreifen, sonst nichts.

09.00   09.10

09.20   09.40

Empfang
Militär und Übriggebliebene   Warten...

7. August 2002 Dikson 10.15 + 4 Std [14.15]

Seit dem 27. Juli sind wir unterwegs von Murmansk. Wind hat noch kurz vor 05.00 Uhr auf 5 Bf. gelegt, der Himmel zeigt sich blau und sonnig. Ansteuerung ist einfach aber über Funk keine Hafenbehörde zu erreichen. Da kommt ein kleines Patrouillenboot auf uns zu, dreht und fährt uns voraus in den backbords liegenden Hafen. Wir werden an die kleine Mole geleitet, wo man die Dagmar Aaen schon mit lautem "...Aaarrrveeeed......" begrüßt. Alte Bekannte übrigens: "Hier wird mit Rubel bezahlt, nicht mit Dollar - die wird man in den USA los." (astin) weil man hier nicht wechseln kann. Eine Abordnung von Bordergard und Hafenmeister kommt an Bord und nach kurzen freundlichen Frage-Antwort-Prozedere kommt Arved an Deck und meldet Positives. Das Dikson von 92/93 ist nicht mehr anders. Es leben etwas noch 1200 Leuten hier?, aber der Umbruch und ein Neuanfang kaum erkennbar, nur das gute Wetter verhilft zu einer positiven Stimmung.

anfangs eine Hydrographische Station 1915 gegründet hauptsächlich für die Schiffssicherheit und Spätere Reparaturen - der Ort Dikson, benannt nach dem Inosor "Dikson" dafür die Expedition des Freiherrn Nordenskjöld 1800 Goldrubel zur Verfügung stellte.

Willkommen Dikson.
Nach 10 Jahren für Arved schon ein bekannter Ort.
Für mich der erste Einblick in das einsame Überleben hier am Nördlichen Seeweg.

Diksmuide, 9. August 02   Das alte Hafenamt aus der Gründerzeit 1915

D ie Umgebung ist voller
Trostlosigkeit. Dennoch Schrott
und seelenlose Häuser reizen zum
Malen. Ein paar junge Männer mit ihren
Frauen sind auf dem Weg zur Mole –
angeln für den täglichen Bedarf.
Ein Stör ist auch manchmal an der Angel.

Wichtige Reparaturen stehen auf dem Programm. Danach hat jeder sein eigenes Ziel an Land. Der Rhythmus des normalen Bordlebens geht meistens verloren, wenn das Schiff Landverbindung hat. Man trifft sich erst um 20.00 Uhr zum Essen an Bord.

Dikson – der Ort macht müde...

Sergej
er weiß alles, der
Hydrograf von Dikson über
die Verhältnisse bis
nach Kap Seljuschkin und
Wrangelinseln.

ARTIN
Der Traum von...
"grosse Mütze"

...ds kommen doch
Wodkaflaschen
den Tisch
immer
der kommen
...und die Leute
Dikson die...
trinken wollen

Einlösung der Wett-
einsätze von Murmansk.
Jeder wettete mit seinem
Einsatz um den Zeitpunkt
der Abfahrt.

Arved läßt das übliche Wasser ab
das beim Dieseltanken "mitgeliefert
wurde - und - es war mehr Wasser
als Diesel in den Tanks. Die
Arbeit kann sich jeder vorstellen.
Leitungen ablassen usw.

Nikolaj

Jetzt kommt das
Wasser für VAGABOND
Dagmar Aaen
verzichtet zugunsten
einer Bunkermöglich-
keit mit dem
Brdr.Gerd - Fährboot.
Das allerdings klappt nicht am Donnerstag. Es muß eben
am Freitag gehen.

tschüß Elis

Dikson — Freitag 9. August 2002

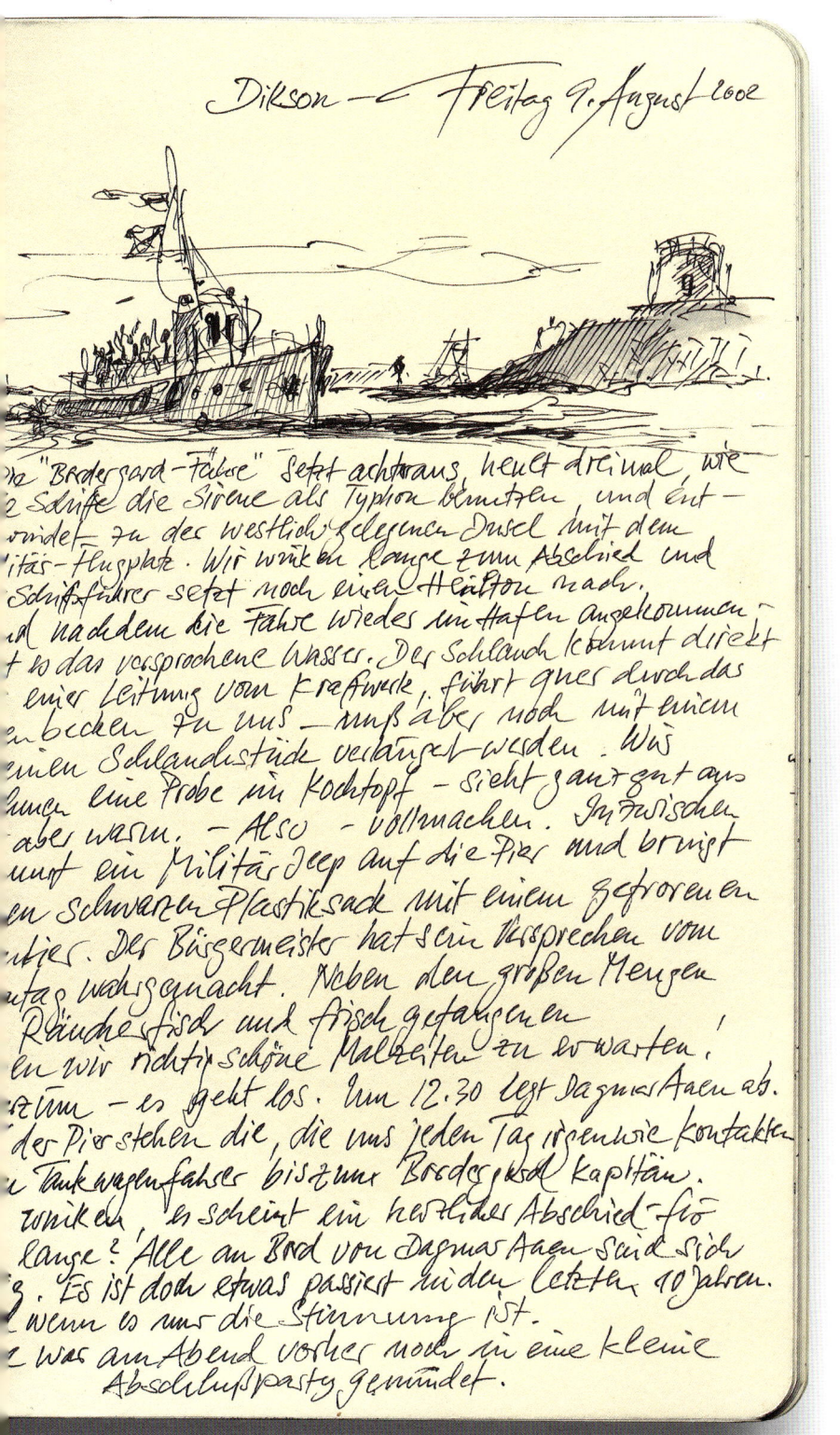

[Skizze eines Schiffes im Hafen]

Die "Brodergard-Fähre" setzt achteraus, heult dreimal, wie [es] Schiffe die Sirene als Typhon benutzen, und entschwindet zu der westlich gelegenen Insel mit dem [Militär?]-Flugplatz. Wir winken lange zum Abschied und Schiffsführer setzt noch einen Heulton nach.
Und nachdem die Fähre wieder im Hafen angekommen – kommt es das versprochene Wasser. Der Schlauch kommt direkt [von] einer Leitung vom Kraftwerk, führt quer durch das [Hafen]becken zu uns – muß aber noch mit einem [klein]en Schlauchstück verlängert werden. Wir [neh]men eine Probe im Kochtopf – sieht ganz gut aus aber warm. – Also – vollmachen. Inzwischen [kommt] ein Militärjeep auf die Pier und bringt einen schwarzen Plastiksack mit einem gefrorenen [Ren]tier. Der Bürgermeister hat sein Versprechen vom [Mon]tag wahrgemacht. Neben den großen Mengen [an] Räucherfisch und frisch gefangenen [Lachs]en wir richtig schöne Mahlzeiten zu erwarten. [Dann] – es geht los. Um 12.30 legt Dagmar Aaen ab. [An] der Pier stehen die, die uns jeden Tag irgendwie kontaktierten [vom] Tankwagenfahrer bis zum Brodergårds-Kapitän. [Wir] winken, es scheint ein herzlicher Abschied – für [wie] lange? Alle an Bord von Dagmar Aaen sind sich [einig] – es ist doch etwas passiert in den letzten 10 Jahren. [auch] wenn es nur die Stimmung ist.
[Das] war am Abend vorher noch in eine kleine Abschlußparty gemündet.

Sie sollen hier einfliegen, Carsten und Lars; Elise und Frank werden heute von hier wieder nach Hamburg starten. Es besuchen uns alte Bekannte, die die DAGMAR AAEN noch von 1992 kennen. Ungeduldig warten wir alle auf ein Flugzeug, das die beiden neuen Crewmitglieder bringen soll. Die Zeit drängt, wir müssen weiter, können nicht länger auf Warteposition bleiben. Das Geschenk des Bürgermeisters, ein ganzes tiefgefrorenes Rentier. Eine nette Abschiedsparty an Bord. Winkende Menschen bleiben zurück in dem 1200-Seelen-Ort Dikson.

Und da Frank und Elise nun auf dem Nachhaus[eweg]
waren, sollte ein Ersatzkoch für die Zeit bis TIKSI ge[sucht]
werden. Nach einer längeren Schweigeminute konnt[e]
ich meine Lust am Guten Essen nicht mehr vertus[chen].
Ja — Ueli soll das machen, meint Arved und er
wohl damit auch auf der sicheren Seite. Ich hatte sch[on]
die Menge an Fisch, der hier oben als Omul gefa[ngen]
wird, gegravert. Graved Lachs als Vorbild. zum Be[ispiel]

Omul
gegravert

Pfeff[er]
Salz
Zuck[er]
Dill

Die beiden Filets vom Omul / La[chs]
oder Makrele oder ähnliche zuerst mit Pfef[fer]
bestreuen. Dann Salz u. Zucker als Mischun[g]
zu gleichen Teilen schön weiß aufstreuen. Bei[de]
Filets eiten dick mit frischem Dill oder mit g[e-]
trockneten Dill versehen und übereinander l[egen]
In Stanniolfolie wickeln und auf eine Schale leg[en]
1-2 Tage kalt lagern, zwischendurch umdrehen
In die entstehende Lake machen die Dänen
mal einen Calvados rein. Guten Appetit
Schmeckt viel besser als alles Andere. ✷✷✷

Ja — und dann kam das geschenkte Rentier
auf die Speisekarte und es soll 4 Tage nach DIKS[ON]
Filet, Keule, Braten und nochmal Keule geben
Die Begeisterung war Belohnung genug, aber der
Druck wurde spürbar, neben Wache, Kochen, Schlafe[n]
und Malen ist die Kunst etwas zu sehr auf die
Strebschiene geraten. Das soll für die Rentierfre[ss-]
Tage etwas leichter werden, denn die Schultheiß-M[änner]
sind ebenfalls 4 Ste[rne]

11. August – ~~Mont~~ Sonntag (76°04,7'N / 91°29,1'E)

Seit Dikson ist freies Wasser. Unglaublich – ich kann es kaum fassen, daß der Ort, an dem die Nord-Ost-Passage Expedition '92 im Floteis gescheitert war, jetzt total frei ist. AWDA heißt die kleine Insel mit Station. Jetzt ist sie scheinbar menschenleer. Fast furchtvoll und andächtig zieht DAGMAR AAEN mit ihrer Crew an diesem Ort vorbei. Ich mache ein paar Pastell-Skizzen solange diese feierliche Stimmung anklingt und die Insel achteraus verschwindet. Murmansk Shipping Company erhält von uns regelmäßig Standort und somit erhalten wir die Wettervorhersagen und Meldungen über die Eislage. Diesmal die Empfehlung, hinter einer Insel der Nordenskjöld-Inselgruppe zu ankern, um die Eislage bei Ostwind abzuwettern. Dann, nach Passieren eines Konvois mit Eisbrecher, die Fahrt in Richtung Kap Tschelnskin fortzusetzen. Wir machen das – und sehen um 18:00 recht alt aus.

Das vorher freie Wasser in der Bucht ist in kurzer Zeit voll Eis. Nach dem Rentier-Essen um 20:00 Uhr liegen wir in Wartestellung – und es zieht um 23.30 das Eis langsam ab.

Tausend Seemeilen ostwärts geht der Kurs nach Tiksi. Wie immer nach Hafentagen mit gutem Wetter erwartet uns nach dem Auslaufen Nebel und Wind. Es riecht nach Eis. Vor den Nordenskjöld-Inseln gibt es eine kritische Situation. Auf Weisung von Murmansk Shipping Company gehen wir unter Landschutz. Es gibt Rentier-Braten unter Deck, draußen schließt uns währenddessen das Eis ein. Ein riesiges Packeisfeld droht die DAGMAR AAEN in die Zange zu nehmen. Stundenlang kämpfen wir uns mit DAGMAR AAENS tapferen 180 PS Callesen durch die ein bis zwei Meter dicken Eisschollen. Wieder im freien Wasser, ist allen die Erleichterung anzumerken. Es ist noch einmal gutgegangen.

85

Wir segeln mit Tallessen durch die sich öffnenden Eisfelder. Es ist 22:00 Uhr - Kurs Tiksi

13. August 2012 in der Laptevsee. Das Wasser hat 1°C, Luft 4°C. Kein Wind.

R. Minkä

Das Eis ist nicht nur eine momentane Bedrohung, sondern es ist plötzlich eine Existenzfrage, die hier gestellt wird. Wie Arved es immer erklärt: „Schließt es dich erst mal ein, macht das Eis mit dir, was es will, und das kann auch den Verlust des Schiffes bedeuten." Nicht auszudenken, wenn ...

Das was die erste Bedrohung durch das Eis w[ar]
Arved ist anzumerken, daß die Empfehlung
hier zu warten, nicht seiner Planung und Beu[r]-
teilung der Lage entspricht. "Callesen" bringt
die "Dagmar" mit aller Kraft durch die 1-5?[m]
dicken Eisschollen, die sich natürlich zu bei[den]
Seiten ihren Platz suchen müssen, der nicht gle[ich]
vorhanden ist.

Aus der Sicht des Eisbeobachters am Vorstag — Er wei[st]
dem Rudergänger die kurzfristig zu wählenden
Ausweich-Manöver mit dem Arm an.

Aus der Sicht in der Eistonne, vom Mast aus ist d[ie]
Übersicht gleich viel aufschlußreicher.. Von d[ort]
bestimmt der Ausguck die Taktik. Weiträum[iges]
Umfahren ist manchmal angesagt bevor man i[n]
einer "Sackgasse" landet. Die Schiff macht den
Takt von "Callesen" mit, die Vibration ist an Tisch [und]
Koje taktgenau zu fühlen. 11.30 Uhr — Brigitte [und]
Henryk stehen am Ruder, Silvia schaut nach Eis
und siehe da, an Steuerbord ein richtiger Eisbe[rg].
Diese Größe ist eher ungewöhnlich [—]
ein Abbruch eines Gletschers im
Norden. Es ist übrigens schon
Montag, der 12. August. Das
Barometer steht auf 998 mb, Wassertemperatur ½[°]
Luft 4,8°. Der Wind kommt mit 5 bf aus NO
und die See steht gegenan — eisfrei. — im Auge[n-]

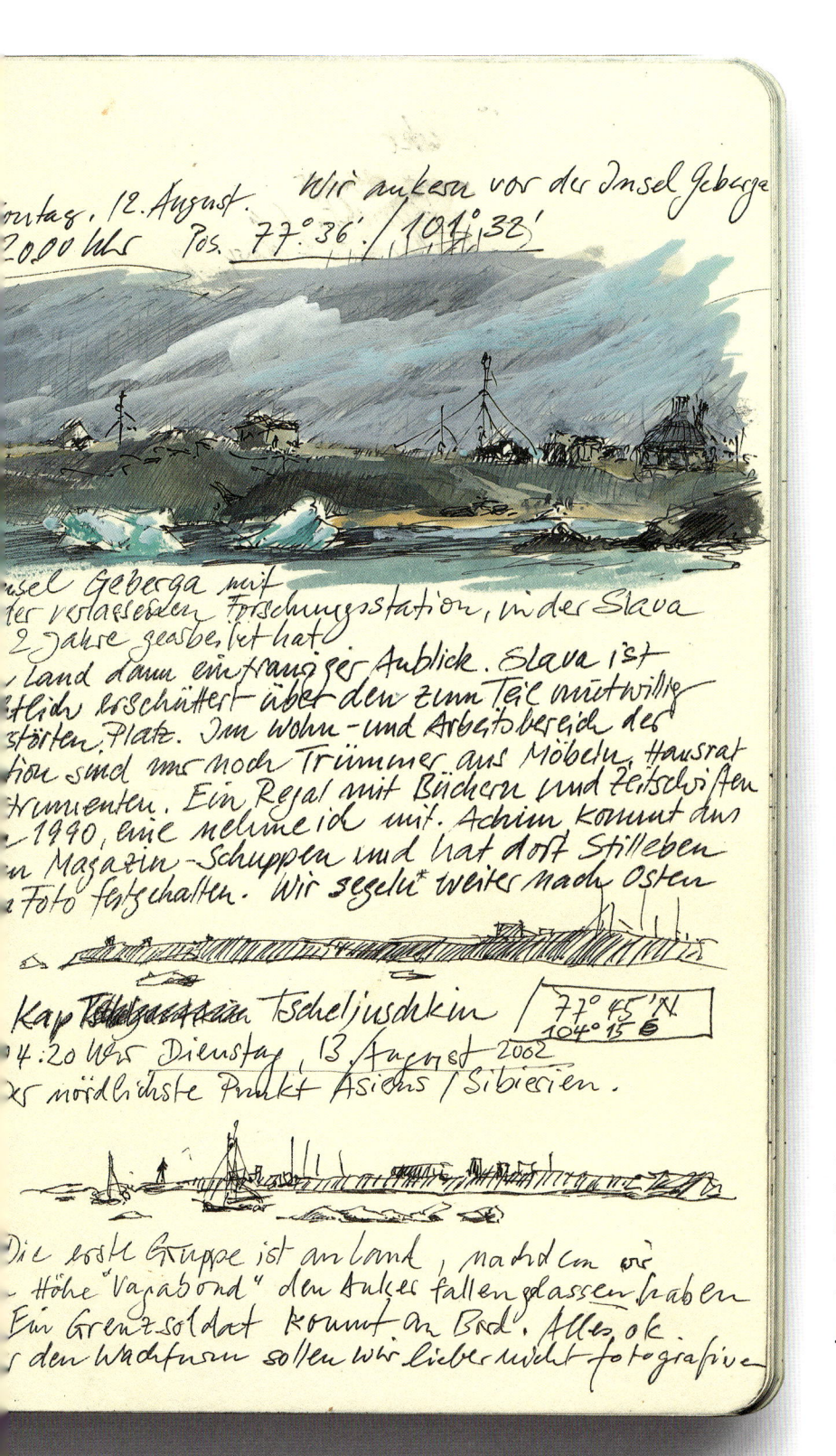

Wir segeln weiter zum Kap Tscheljuschkin. Auf einer kleinen Insel mit dem Namen Geberga hat Slava in einer Forschungsstation gearbeitet. Damals ständig vom Eis umschlossen – jetzt sehen wir freies Wasser an der Küste. Am Kap Tscheljuschkin, dem nördlichsten Punkt Asiens, erleben wir ebenfalls eisfreies Wasser, bis auf ein paar treibende Schollen.
Wir gehen hier für ein paar Stunden vor Anker. Ein Militärposten gibt uns Geleitschutz auf unserem Landgang. Dort, wo nur Schrott und öliger Schiefer unter den Stiefeln knirscht, ist das Fotografieren verboten. Ich male ein paar Skizzen.
Es geht ankerauf und dann weiter nach Osten. Die nicht vorhandene Eislage ist unheimlich und ungewöhnlich für diese Jahreszeit.

Arved am Monument von Kap Tscheljuschkin. Hier, wo eigentlich Eisbären und Walrosse zu Hause sind, bewachen Militärposten den nördlichsten Punkt Asiens. Rundherum leere Tanks, Fässer, Fahrzeuge im braunen Rost.

Dienstag 13. August Kap Tscheljuschkin leichte Brise aus SW. Die Sonne steht vor einer dicht grauen Wolkenwand und beleuchtet die flache Küstenlinie. Schrott verteilt entlang des mit Resteis dekorierten Ufers, überall Rost und Öl. 2 Gruppen teilen sich auf, Land zu gehen. Es erwartet uns dort ein Posten mit MG und Funk, der als Begleitung gestellt wird. Ein Grenzstein, ein Amundsen Gedenkstein, dazwischen Bäche von Öl und rostigem Material.

Der Eisbrecher Sowjetski Sojus führt den Konvoi an, der uns am Kap Tscheljuschkin passiert, leichter Nebel und fast wie dekoriert einige Eisgebilde, die eine besondere Atmosphäre schaffen. Die schönen Eisfelder kommen langsam zu dicht. Also – schnell Anker auf und los. Das Schlauchboot wieder hochgebunden und auf Kurs. Diese Stelle, an der wir bis auf einpaar kleine Eisfelder freies Wasser vorfinden, ist normalerweise voll Eis. Wir wundern uns immer von Neuem, die milde Temperatur und das frühe Auflösen in diesem Jahr hat das Eis aus dieser Gefahrenregion verbannt. Aber es ist nicht verschwunden.

Mittwoch 14. August
Von der Küste etwas entfernt, der Kurs 80° – tauchen langsam dichter werdende Eisfelder auf. Das Tag-Nacht Licht ist allmählich wieder unterschiedlich, sodaß ich mal wieder selbst merke, wann Frühstück 08:00 Uhr und Abendessen 08:00 Uhr dran sind. Mir macht die Zeitlosigkeit überhaupt Spaß. Der Schlaf zwischen den Wachen 04:00 Uhr bis 08:00 Uhr und wieder 04 - 08 wird einfach kürzer. Brotbacken – Mittagessen vorbereiten für 12:00. Um 13:00 gehts in die Koje – um 15:30 wird geweckt für 16:00, 19:00 Abendessen vorbereiten, meistens eine Schultheiß-Speise.

Eisfelder am Horizont lassen keine Durchfahrt mehr
So um 22⁰⁰ Uhr ist Dagmar Aaen fast in eine
gelaufen. Rundherum dichtes Eis, die Gefahr,
sich hinter uns schliesst, ist groß, zumal
Wind immer noch aus NW kommt.

Das Beispiel von oben zeigt
die zunehmende Eisdichte von oben. Diese
Situation kann man nur aus Sateliten-Aufnahmen
erkennen — wenn keine Wolkendecke die
Sicht versperrt.

*WASSER-HIMMEL *EIS-HIMMEL

ersten fängt mit der Sateliten-Antenne
über uns ziehenden Sateliten ein, der
erst bei einem tiefen Ton,
die Darstellung der darunterliegenden
Region auf dem Bildschirm
aufbaut.
Bei Seegang eine kniffelige
Angelegenheit. Aber er
schafft es.

* Am Horizont läßt sich erkennen
ob Eis- oder Wasserflächen zu erwarten
sind.

So ungewöhnlich wie noch nie, meine Malposition ganz oben auf der Erdkugel, auf einer einsamen Eisscholle.

Donnerstag 15. August

Die Nacht (Der Himmel ist natürlich immer noch hell mit wunderbaren Wolkenbildern) ist lang. Der Umweg hat Dagmar aus dem Eisgürtel befreit aber es kommen wieder neue Felder. Der Beobachter in der Tonne ist abwechselnd je nach Wache, Adrian, Arved, Martin, Markus, ich erspare mir die mühsame Kletterei in die 14 Meter hoch. Obwohl ich es bald mal dem Rücken zumuten werde. Übrigens, wer glaubt, daß die Stimmung an Bord nach gut sechs Wochen etwas gelitten haben müßte, der irrt. Jeder Einzelne bekommt ein Quantum Rücksicht von Jedem. Ich bin selbst überrascht über die relativ gleichförmige Atmosphäre. Sicherlich ist das Wachsystem ein wesentlicher Faktor. Zum Beispiel ist unsere 4-8-Wache an Deck. Man trifft Katja im Vorschiff an, Martin macht noch Wetterbeobach, der Rest der 10-köpfigen Mannschaft liest o. schläft in der Koje. Arved steht zwischendurch in der Navi und Henryk ist mal zwischendurch über Deck laufend zum Klo unterwegs. Ein absolut ruhiges, fast leeres Schiff zieht seine Bahn über die nur 13 Meter tiefe Laptev See. Der Wind kommt immer noch leicht aus N und am scheinbar freien Horizont tauchen wieder Eisfelder auf. Die Sonne steht am fast wolkenfreien Himmel über einer glitzernden Wasserfläche mit 4/10 Eis. Jetzt ist es Zeit für Film und Foto. Mit dem Schlauchboot geht die Kamera mit Torsten, Arved u. Henryk durch die Eisschollenfelder – ich lasse mich auf einer großen Scholle absetzen und zeichne

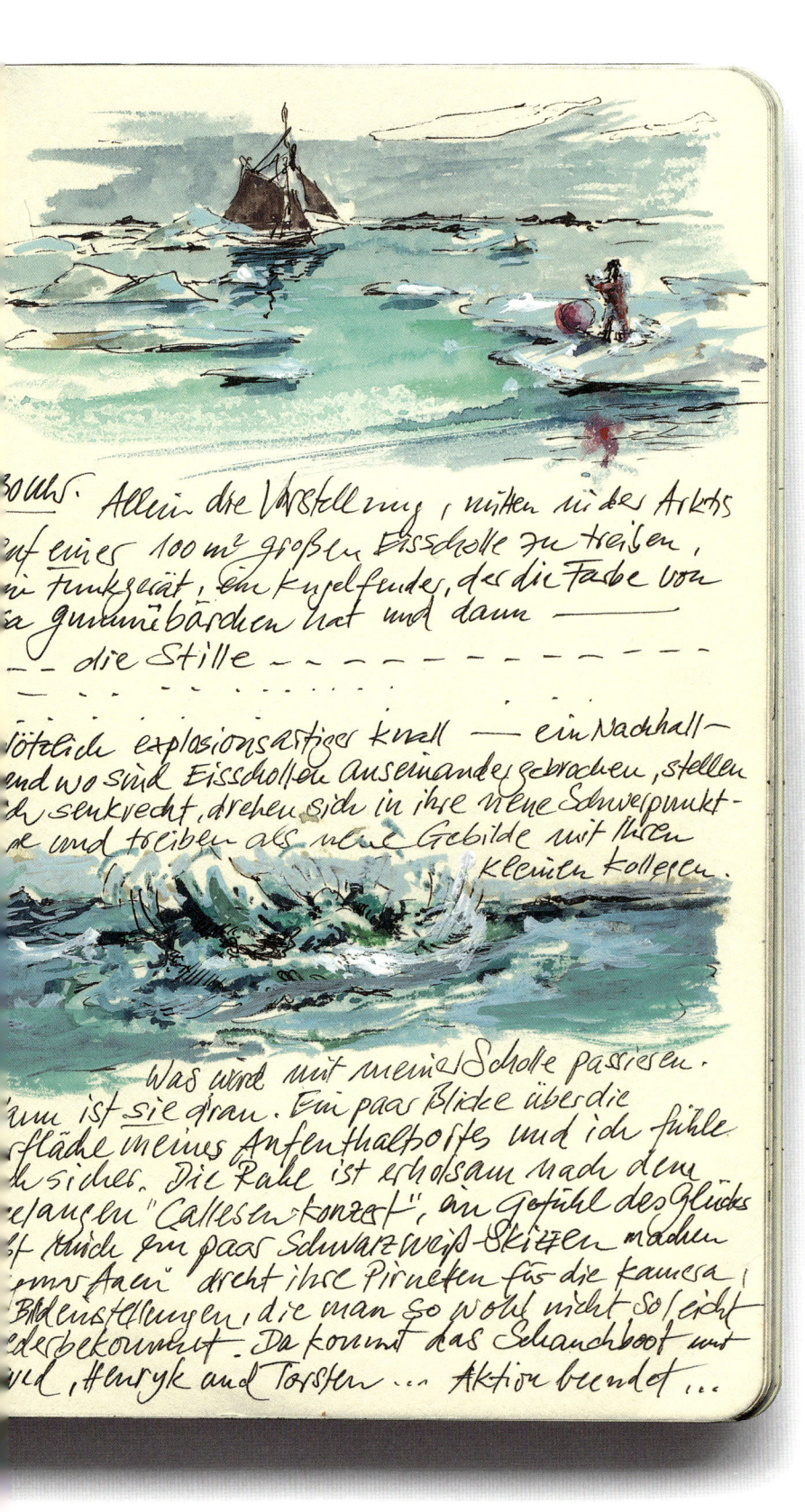

Als Arved Fuchs 1994 mit seiner Crew noch nicht einmal bis hier vordringen konnte, sondern von Osten kommend in der De-Long-Straße im Packeis steckenblieb, gab es überhaupt keine Chance für die Nordost-Passage. Wir messen die Wassertemperatur. 1,5 Grad Celsius sagen uns: Es ist Eis in der Nähe. Tatsächlich, im Dunst über der Laptevsee erscheinen die blaugrünen Eisschollen. Mit großer Aufmerksamkeit muß das dichte Eisfeld umfahren werden.

Wenig Wind in so einem Augenblick macht das Erlebnis im Eis zu einem besonderen Schauspiel. Und dann sind Walrosse zu sehen. Auf kleinsten Eisflächen versammeln sie sich in riesigen Horden. Eng aneinandergeschmiegt genießen sie den arktischen Sommer. Die Gefahr ist groß, daß die Packeisfelder durch Winddrift die Enge der Neusibirischen Inseln verschließen.
So sind wir immer unter Druck, die eisfreie Zeit zu nutzen.

"Ich hab'sie Dir ausgesucht, da brauchst Du keine Bedenken zu haben"... sagt Arved auf ein akustisches Erlebnis – ab geht's zu Dagmar, das vertraute "Callesen" holt mich in den Realismus zurück – wir gehen auf Kurs. Der Beobachter auf dem Vorschiff ist Katja. Steuerbord – Backbord – Steuerbord – Kurs 180° – bald sind wir aus dem Eis. Dunkle Schatten fallen von einigen Schollen auf das Wasser und dort – was ist das? Arved steuert nochmal ein paar Slalomkurven, dann Maschine auf Leerlauf, der gleichmäßige Klang von Callesen – wir driften an eine Scholle heran auf der zwei Walrosse sich räkeln und überhaupt nichts daran finden, daß ein rotes Etwas mit "klong...klong...klong" auf sie zukommt.

Etwas Abstand hätte das männliche Oberhaupt schon. Mit beeindruckendem Gebrüll verschafft er sich Respekt. Die Dame, die sich mit ihm die kleine Scholle teilt, sieht etwas unvorteilhaft um ihre Zähne aus, Brigitte meint, sie müßte eine Klammer tragen.

Auf dem weiteren Weg nach Tiksi passieren wir eine größere Ansammlung Walrosse. Beim Näherkommen sehen wir mindestens 20 solcher Kolosse die sich eine Scholle teilen

18. August 2002. In der Nähe des Lena-Deltas messen wir 9 Grad Wassertemperatur – das beruhigt. Aber plötzlich sehen wir uns ganz anderen Gefahren gegenüber: treibende Baumstämme. Immer höher wird die See, und in den Wellentälern sind die gefährlichen Ungetüme erst kurz vorher auszumachen. Also, wieder ein Mann aufs Vorschiff und Handzeichen geben für den Steuermann.

Die Ansteuerung von Tiksi wird nach Anweisungen und Skizzen des Hydrographen aus Dikson gefahren – es klappt. Ein paar Eiskanten an den Uferhängen zeugen davon, daß die Lena ihren Eispanzer schon vor längerer Zeit losgeworden ist. Das Wasser hat 10 Grad. Das Barometer steht auf 1031 hPa. Auch Tiksi begrüßt uns mit ausgemusterten Kränen, auf Grund liegenden Schleppern, Fähren und anderen Wasserfahrzeugen. Die Schornsteinfarben aus der Sowjetzeit verraten, wie lange alles schon daniederliegt.

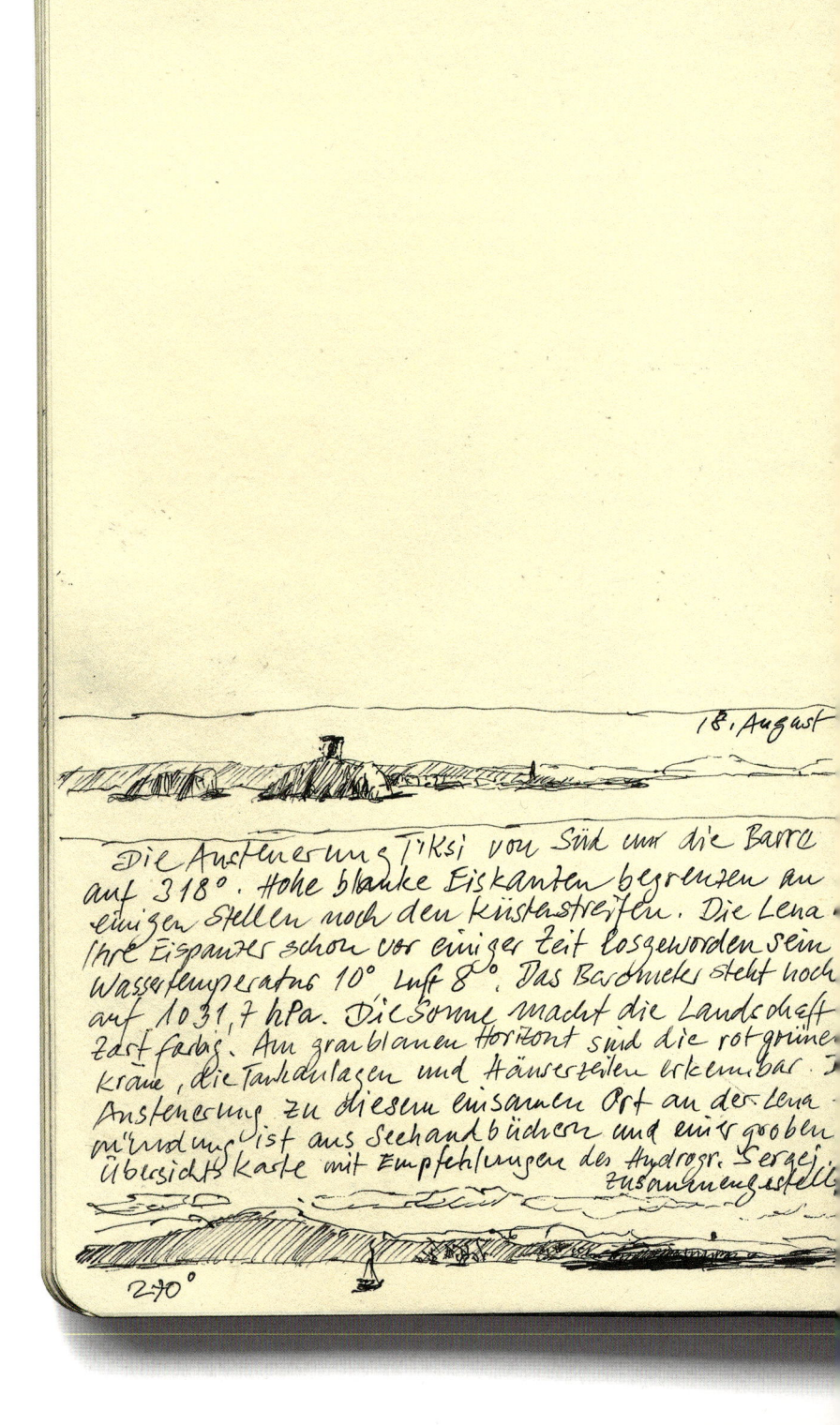

Sonntag 18. August.

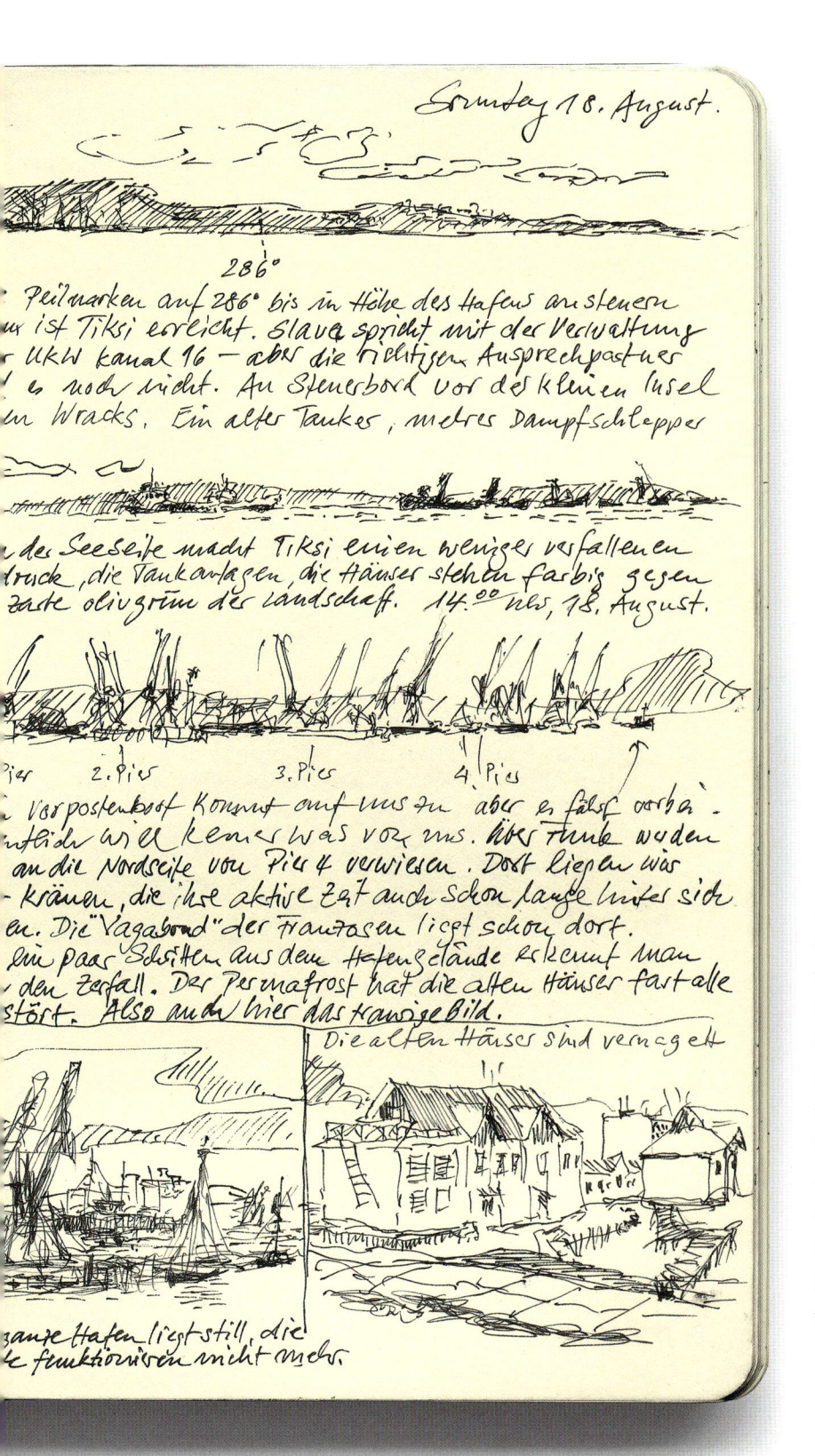

286°

Peilmarken auf 286° bis in Höhe des Hafens ansteuern
u ist Tiksi erreicht. Slava spricht mit der Verwaltung
UKW kanal 16 — aber die richtigen Ansprechpartner
es noch nicht. An Steuerbord vor der kleinen Insel
n Wracks. Ein alter Tanker, mehres Dampfschlepper

der Seeseite macht Tiksi einen weniger verfallenen
druck, die Tankanlagen, die Häuser stehen farbig gegen
zarte olivgrün der Landschaft. 14.°° Uhr, 18. August.

Pier   2. Pier   3. Pier   4. Pier

Vorpostenboot kommt auf uns zu aber es fährt vorbei-
ntlich will keiner was von uns. Über Funk werden
an die Nordseite von Pier 4 verwiesen. Dort liegen was
kränen, die ihre aktive Zeit auch schon lange hinter sich
en. Die "Vagabond" der Franzosen liegt schon dort.
in paar Schritten aus dem Hafengelände erkennt man
den Zerfall. Der Permafrost hat die alten Häuser fast alle
stört. Also auch hier das traurige Bild.

Die alten Häuser sind versaget

anze Hafen liegt still, die
e funktionieren nicht mehr.

A m Hafen wird aufgeräumt, seitdem wir dort liegen. Wir tanken wieder Diesel aus einem Schlepper und durchstreifen den Ort, der genauso verfallen ist wie Dikson. Das Rumpeln der Dieselgeneratoren im Kraftwerk ist überall zu vernehmen. Vereinzelt sieht man Menschen auf den Betonplattenwegen. Ein Kontrast zu den grauen tristen Fassaden, zur pflanzenlosen Umwelt sind die modisch gekleideten und gepflegt erscheinenden Frauen auf den Straßen. Hier und da ein paar Gräser für drei Monate, dann ist es wieder dunkel, vereist, verschneit bis minus 50 Grad Kälte.

In den Hafenbecken liegen Wracks.

Die Natur verwandelt den Ort
in manch zauberhafte Kulisse.
Heute ist Nebel.

19. August in Tiksi

Diesel für Dagmar Aaen
Slava unterhält sich mit dem
Tankschiff Chef

Die Schläuche sind zusammengeflickt
Bevor wir den Diesel übernehmen,
holt Slava erstenmal eine Tankprobe. Es ist ok. - Kein
Wasser im Sprit. Damit verdient man sich hier angeblich
das kleine Geld dazu, wie man es bei uns ja auch
manchmal erlebt. Aber bei einem kleinen Schiff wie
Dagmas Aaen, mit ca 4,8 to Diesel im Bauch, sin
1% Wasseranteil eine Katastrophe.
Die Wanderungen durch den Ort sind erdrückend
aber auch aufschlußreich, was die Lebensumstände
4½ bis fünftausend Einwohner angeht. Sie verteil
sich auf umliegende Siedlungen, in denen auch Jakut
Ewenken und Ewiken leben. Das Lena-Delta Gebiet
ist die Heimat dieser Volksgruppen.
20. August. Dienstag. Wir sind auf Warteposition
immer noch in Tiksi. "Vagabond" ist ausgelaufen
Wir warten auf Carsten und Lars, die mit dem Flu
über Moskau und Jakutsk nach Tiksi kommen soll
Um 16:00 steht der "KGB" in Form von zw
Zivilbeamten an der Pier. Die kurze Frage nach

…en Papieren und anderen Kleinigkeiten und
…lava mit Arved sind im Auto zum Office.
Warum haben wir uns nicht angemeldet – wir
…ürfen garnicht hier sein – fotografieren ist
…icht gestattet usw. – kurz und gut.
…orgen am 21. August anmelden – danach
…ollen die KGB-Leute uns herumfahren – auf
…e Berge und zu anderen Sehenswürdigkeiten –
…um Filmen und fotografieren. Hier gibt's eben
…eigenen Gesetze – nicht in Moskau.
…nebenbei sind Henryk, Martin und Torsten
…einem öffentlichen Gebäude zum Wäsche-
…aschen. So um die hundert Teile dauern
…schon etliche Stunden und im Vorschiff
…ht es aus wie auf einem Trockenboden.

Die Wetterlage: Barometer 1026 hPa
der Nebel hat sich heute abend
etwas gelockert und die Sonne steht rot hinter
… Hügeln. Es ist 9° warm

Brigitte Ellerbroock hat die
Koje unter mir an Steuerbord im
Vorschiff. Mit Katja, Henryk und
Martin teilen wir uns den kleinen
gemütlichen Raum, der seit 1932 fast
original erhalten geblieben ist.
Im Vorschiff sieht es aus wie auf einem
Trockenboden. Henryk hat eine Waschmaschine organisiert, die den ganzen Tag
von der Crew gefüttert wird. Brigitte läßt
sich beim Lesen nicht stören, findet aber,
daß sie nicht so aussieht, wie ich sie
gemalt habe.

Wir warten erneut auf Carsten und Lars. Hierher sollen sie nun endgültig kommen – mit dem Flugzeug aus Jakutsk, mitten in Sibirien. Die Nervosität wächst. Kein Flieger kündigt unsere beiden ersehnten Crewmitglieder an. Fünf Tage sind wir schon in Wartestellung in Tiksi. Ein Anruf auf unserem Bordtelefon verkündet – sie sind ins Flugzeug gestiegen. Spät in der Nacht kehren Henryk und Slava ohne die beiden vom Flugplatz zurück. Sie mußten wieder aussteigen, das Flugzeug war schon überladen. Bedrückendes Schweigen, Enttäuschung, Traurigkeit vermischen sich mit dem Startgeräusch des Callesen.

...wyk kommt an Deck, wir sitzen bei ...ächstem Smül — „Seid Ihr bei ...ppy hour" — "ich hol' mein Glas!" ...Nebel — eine einzige Schweißflamme ...Schatten der Kräne — sitzen wir an ... und hoffen, daß der Nebel morgen am ...August nicht die Landung des Flugzeuges behindert ... Carsten und Lars nach Tiksi bringt.

... 20:00 am 21. August. bemerkt Arved — ... im Jahr 1994, in der De Long Straße, ... das Eis so heftig, daß das Schiff gefährdet ... Jetzt — haben wir die Nachricht, daß das ... Weit im Norden — also nicht in unserem ... liegt. — Unvorstellbar meint Slava!!

... August 11:00. der Nebel hat sich durch den ... Wind verzogen. Wir hören, daß das Flugzeug um ... Uhr aus Jakutsk, drei Stunden südlich von Tiksi, starten ... Die Warteposition hier in Tiksi muß heute ... Ende haben, denn die Eiskarten zeigen, daß die ... nach Süden zieht, die Nord Ost Passage ist noch nicht zu Ende. ... Uhr. Slava hört, daß die Maschine wegen schlechten Wetters ... um 16:00 Uhr starten soll. Es wird beschlossen, daß heute ... geht wird, um die Expedition nicht zu gefährden. ... warten also bis 16.00 Uhr ab. Ein Anruf von Elke ... Hamburg. Um 19:00 wird Bescheid gegeben, daß oder ob ... ten und Lars in Jakutsk abfliegen. Wir warten. ... Ausklarierungs-Papiere werden fertiggemacht. ... 19:30 ein Anruf: „Die beiden steigen jetzt ins ... zeug" — also — alles klar. Die Stimmung lockert ... etwas. Das Iridium-Telefon wird ausgestellt — ... yk besorgt nach viel Mühe ein Auto zum ... platz um die Abholung zügig abzuwickeln. Nach ... ser Rechnung müßte das Flugzeug so um 23:00 ... landen. Es ist nach Mitternacht 0.35 Uhr ... yk kommt an Bord. — — — — — — sie sind nicht mit ... ommen. Die Welt bricht für alle einen Moment
                     zusammen.

21. August 2002 in Tiksi — nach einem Monat Sommer   R. Mraz

Kurz vor unserer Abfahrt kündigt sich
wieder eine Wetterveränderung an.

23. August Tiksi.
Ein Anruf bei Eske im Büro klärt etwas auf. [?]
beiden fliegen zurück nach Deutschland. Der
Callesen springt an — keiner mag etwas sagen
sind erschüttert, enttäuscht, traurig. Dieser ga[nze]
Aufwand, die lange Anreise der Beiden und nu[n]
Es ist dunkel geworden. Die Leinen fliegen a[n]
"Dagmar Aaen" gleitet von der Pier 4 nach SO
(01.15 Uhr) dann an der Sa[nd?]
vorbei — bis [?]
den Kurs 55[?]
steuern, de[r]
uns im Verlauf der nächsten Tage zu den
Neusibirischen Inseln bringt. Unsere Wache, Aa[rne?]
Markus — und ich — 04-08 Uhr. Ein Streifen o[range]
am Horizont. Einer steht wieder vorn, um nach
treibenden Baumstämmen ausschau zu halten.
Markus macht uns einen Tee, der Takt von Cal[lesen?]
und zwischendurch immer wieder die Frage :
" Aus welchem Grund ist das so beendet worde[n]
Um 06.30 steht ein rotorangefarbener Sonn[e?]
vor einem blaugrauen Himmel und es erin[nert]
uns an die japanischen Sonnendarstellungen
Das Barometer steht auf 1000 hPa. Der Wind w[ird]
etwas mehr. Der Tag verläuft normal. Die Wa[chen]
übernehmen 08-12 — 12-04, 04-08 — gege[n]
Abend läßt Arved das 3. Reef einbinden, de[nn]
der Wind hat ordentlich zugelegt. Auch die ro[te]
Sturmfock ist gesetzt und so geht es in die N[acht]
Die angesagten 8-9 Bf. sind im Anmarsch.
24. August. Laptev See. Wir übernehme[n]
wieder um 04. Uhr. Es war nicht besonders s[chön]
aus der warmen Koje in das klamme Ölzeu[g]
schlüpfen. Normalerweise trocknet alles im
Vorschiff, aber der Ofen wi[rd?]

...ben auf Steuerbordseite segeln nicht akzeptieren.
...geht aus und das soll auch so bleiben. Die See
...grün und gegen den hellgrauen Horizont im Norden
...ich die "Joseph Conrad Wellen" heranrauschen.
...und sie türmten sich auf, wie eine schneegekrönte
...er aus grünem Glas. Es ist eine bezaubern-
...Stimmung, in diese flaschengrünen Wellenkämme
...sehen.

...er neben der Faszination weht der Wind immer
stärker aus Nord. Die
Seen kommen quer, heben
das Schiff an, wir fallen
in das nächste Tal, die
dann sich brechende Nächste
steht neben uns auf und
fällt an Deck. Mir werden
die Füße weggezogen, lande
bäuchlings an Deck, über
mir rauscht das leicht
salzige Kara Seewasser
hinweg, ein paar Schluck
ersetzen die Arktis-Taufe.
...eben mir steht triefend Markus, Achim hat sich
...auf dem Ruderstand halbwegs trocken gehalten.

DAGMAR AAEN gleitet in der Dunkelheit der Nacht aus dem Hafen von Tiksi. Wieder verändert sich das Wetter. Tagelang laufen wir unter verkleinerter Segelfläche ostwärts zu den Neusibirischen Inseln. Die roten Trysegel stehen Tag und Nacht bei acht bis neun Windstärken.

Als sich das Schiff bei einer kurzen steilen See auf die Seite legt, passiert Slava unter Deck ein Malheur. Auf dem Weg nach oben wird er von der Treppe seitlich auf eine Backskiste geschleudert. Mit großen Schmerzen im Brustkorb wird er versorgt und untersucht. Hat er sich Rippen gebrochen? Innere Verletzungen?

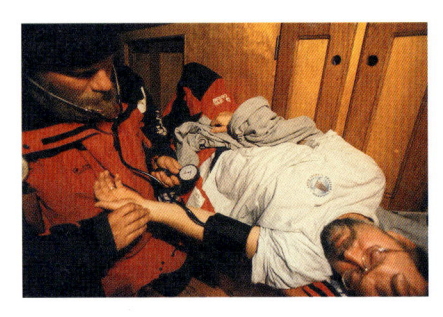

Alle sind sehr besorgt um ihn. Tagelang bleibt er in der Kochkoje flach liegen. Ständig ist ein Crew-Mitglied bei ihm, bis er sich selbst aufrichten kann. Inzwischen ist die See wieder zahmer geworden. Es ist der 25. August in der Laptevsee.

25. August. Laptjev See - Laptjev Straße
Ein kleiner Sonnenstrahl liegt über der See.
Es ist ein Anblick, der verwirrt. Als ob eine
Jeßgrube überläuft. Brauner, sandiger
Wellenschlamm, so gibt sich die nur
um bis 14 Meter tiefe Laptjev See. Durch die
harschen Nordwinde aufgepeitscht, laufen die
Sedimente bis in die Wellenkämme und es
ist als ob man die Vorflut in der Elbe erlebt.
Unser Kurs ist 103°. Langsam kommen wir
wieder in die 14 Meterlinie und das Wasser
wird wieder klarer und grünlich. Der starke
Wind läßt langsam nach aber die Dünung bleibt.
Es macht das Leben unter Deck ungemütlich und
auch das Essen bleibt freiwillig aus. Ich bewundere
die Segler, die Einhand oder auch in Mannschaften
dichtauf oft auf Schlaf und regelmäßiges
Ruhen verzichten. Ich - und das geht jedem
von uns so, freue mich nach vier Stunden Wache
bei diesem Ritt auf die Koje. Dort fühlt man sich
Zuhause, in dem kleinen Schrankloch, in dem man
gerade die Knie seitlich anwinkeln kann. Aber es
kann draußen die Hölle sein - hier kann man
gemütlich lesen, schlafen und warten, bis jemand
an die Klappe tippt: Ulli-aufstehn

26. August, die Laptjev See liegt hinter uns, 9... Wasser ist wieder grün und klarer, wir sind in der Ostsibirischen See.

Slava geht es inzwischen besser. Er kann sich inzwischen allein aus der Kochkoje herausmanövrieren. Wir sind alle erleichtert, es wohl nichts Ernsteres ist. Die Treppe an Deck ist ihm allerdings noch nicht gelungen, zu ersteig...

(70°55,3' N – 167°03,1' E

28. August 05.00 Uhr Ostsibirische See
Wir sichten einen Wal, der aus hervor taucht kurz auf. Bei einer Tiefe von 25 Metern
Die Sonne steht vor dicht verschleiertem Himmel Nebelbänke durch Warmluftströme. Wasser 3,2° Luft 4°. Barometerstand 1005,2 hPa. Einfach sch... bei einem Kurs von 900° nach Wrangel Islands.

Wir segeln zu den Wrangel-Inseln. Dort, wo die Polarbären, Walrosse, Moschusochsen, Rentiere und viele seltene Vogelarten ihr geschütztes Revier haben. Aber das Betreten der Wrangel-Inseln ist verboten – Sperrgebiet.

Im Morgenlicht erkennen wir Eis, die Luft ist grau, diesige Schwaden ziehen über das Wasser. Uns kommen blaugrüne Eiskolosse entgegen. Leuchtend mit hellen Schneekappen und einer Bugwelle, als würden sie einen eigenen Antrieb haben. Ich bin völlig aufgedreht – so was einmalig Schönes –, ich male die Szene mit Pastellkreiden, und dann entdecken wir auf einer Packeisscholle einen Eisbären. Das Fell ist etwas gelblich zu der bläulich schimmernden Eislandschaft. Er wittert uns – wird etwas unsicher und geht an einer türkisfarbenen flachen Stelle ins Wasser, schwimmt hinaus in die See.

is türkisfarben im Unterwasserbereich an uns vorbei
bewegt. Sie scheinen selbst zu fahren, denn bei dem
und 4-5 Bf. haben sie richtige Bugwellen.

Wir haben gerade den 180ten Längengrad
gequert. Ein Tag bricht an, den wir
schon hinter uns haben. Jetzt taucht auch die Wrangel Insel auf.
Phantastisch aber halt — was ist das?
30. August

Slava meint, es könnte ein zweijähriger
Eisbär sein. Gerade hat er uns gewittert,
bewegt sich unruhig, suchend nach einem
lustigen Platz, und watet zielstrebig über eine
die türkisfarbene Stelle ins Wasser. Er schwimmt
in flottem Tempo. Ohne, daß wir ihn jagen,
folgen wir seinem Kurs — zur nächst größeren
Scholle, doch dreht er wieder ab, nachdem er
es aus seinen Augenwinkeln abgezirkelt
hat. Wir lassen ihn weit draußen, ohne festen
Boden unter seinen Tatzen.

Eine Weile begleiten wir ihn, er fühlt sich dabei offensichtlich unwohl, und wir lassen ihn mit seinen kräftigen Schwimmzügen alleine weiterziehen.

Slava hat mittlerweile Kontakt zum Roger Harbor aufgenommen, der Station auf den Wrangel-Inseln. Daß der Notfall mit dem Rippenbruch das Betreten ermöglicht, ist ein wahres Glück. Wir ankern in einer kleinen Lagune, die uns zu allen Seiten Schutz gibt. Auch hier gibt es kein Eis, außer einer gestrandeten Scholle in der Einfahrt. Schließlich bekommt Slava eine tierärztliche Untersuchung – etwas anderes gibt es nicht. Die Banja (Sauna) wird angeheizt.

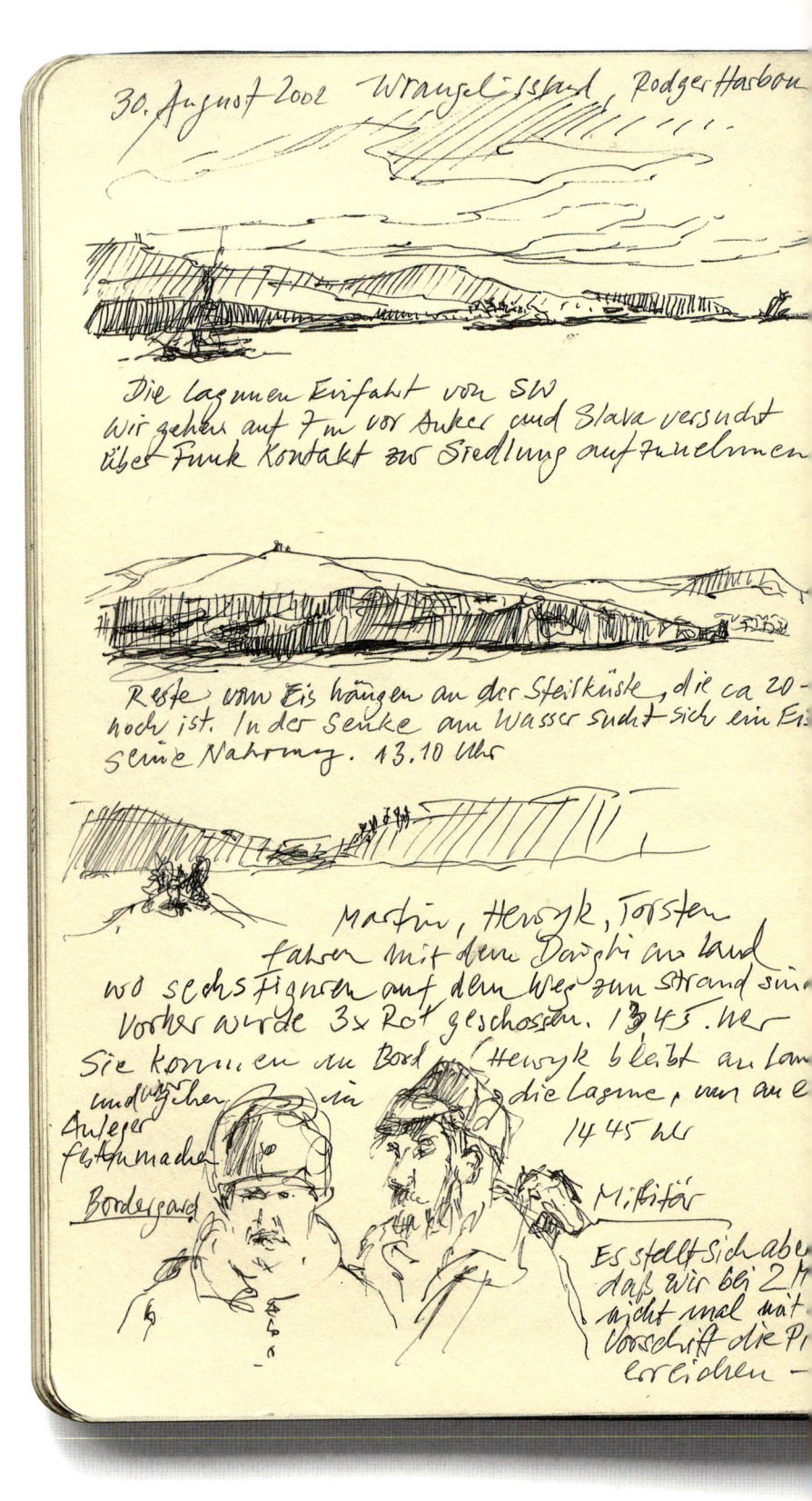

Wir werden fürsorglich
herumgeführt und mit
einem Tundra-Fahrzeug in
die Anhöhen des Reservats gefahren.

Die interessanten Landgänge geben einen
groben Eindruck von dieser faszinierenden
Insel. Ein Abend an Bord mit den Gästen
von Land, der Borderguard, dem Militär
und dem Tierarzt. Aber am Morgen dann
der schnelle Aufbruch – die Flucht vor
dem Eis. Über Nacht hat der Nordost-
sturm riesige Treibeisfelder um die Insel
gedrückt.

Roger Harbor, die kleine Siedlung auf den Wrangel-Inseln, nur von achtzehn Menschen bewohnt, eine Wetterstation, ein Militärposten und ein Tierarzt.

kurz gesagt – wir kommen nach der Banja, und inzwischen mit sechs Mann behördlicher Begleitung an Bord zurück. Es ist weit über Mitternacht. Der Wind ist schwach aus nördlicher Richtung. Mit dem Schlauchboot kommen in zwei Fuhren 16 Mann aus der "Tundra". Lehmiger, grauer Belag klebt unter 32 Stiefeln, die sich bei fröhlicher, entspannter Stimmung unter dem Tisch der Messe hin und herbewegen. Frisch gebackenes Brot, Wurst, Käse, Dosenfleisch, Schinken, Wodka, Johannsen holt die letzte Flasche, ein paar Blitzlichter – Lachen russisch, englisch, deutsch – irgendwann – Feierabend. Das Schiff sieht aus wie ein "Russ. Panzer" nach einem Manöver. – Der Wind briest auf – 32 Knoten – der Anker hält, aber die Wache fällt ausgerechnet auf uns. Adrian, Markus und ich. Die Badeschaft fällt unglücklicher Weise auf meine Wenigkeit. Eigentlich wollte ich an Land noch zeichnen, ein paar Sterne sammeln. Man soll die Dinge nie verschieben. Es kommt die Wetterlage mit der Eissituation dazwischen. Ein Teil der Mannschaft kommt vom Landausflug zurück, mit einem Geländefahrzeug in die Höhe gefahren – unterwegs, konnten die großen Eisfelder, die vom Nordsturm an die Ostseite erreicht haben. Die Entscheidung ist schnell gefallen. Anker auf!

1. September 2002
Kap Ottoschmidt, die Nord-
Ecke Sibiriens / Festland. De Long Straße

Wir steuern nun das Kap Otto Schmidt an. Es ist 4 Grad warm – die Nacht ist dunkel, aber es lassen sich die großen Treibeisfelder gut erkennen. Kap Otto Schmidt, die Nordostecke Sibiriens, die De-Long-Straße. Eine Starkwindwarnung aus Südost bis 30 Knoten. Da wollen wir nicht gegenanfahren. Wir suchen einen Ankergrund. Slava organisiert über Funk eine bequemere Art der Pause, nachdem der Anker auf gefrorenem Grund nicht hält. Eine Leinenverbindung zum Stückgutfrachter PIONEER OF KAMSCHATKA verhilft uns zu einer ruhigen Nacht. Die Festlandnähe ist irgendwie erholsam. Geborgenheit an dieser Küste. Hinter einem Höhenzug liegt ein Versorgungsort mit Tanks und einem Flugplatz. Ein neuer Tag, ein richtiger Sonnentag, der 2. September. In ihren offenen kleinen Fangbooten kommen Tschuktschen auf uns zu und preschen an uns vorbei, um den Wintervorrat an Walrossen zu jagen. Dieser Volksstamm ernährt sich größtenteils vom Fleisch dieser massigen Meeressäuger.

2. September 2002 – 124° unser kurs entlang der De Longstraße / Sibirische Küste

Sommerwetter an dieser Küste.

2. September 2002 12.30 Uhr.

An der Küstenlinie der De Long Straße
kommen zwei Fischer mit ihrem Blechgeschmiede
Boot längsseits. Slava unterhält sich mit
ihnen. Bei sonnigem Wetter, eine schöne
Pause. Sie überreichen uns ein
paar Fische, bekommen
eine Schachtel Zigaretten.
Sie kommen aus
Kap Otto Schmidt

Heute wohnen noch 500 Menschen dort, früher
waren es 8000. Auch das Militär ist nicht mehr
dort. Jetzt leben sie hier unabhängig, ohne Bern
vom Fischfang.

losfahren wieder, aber der Motor will noch nicht
anspringen. 10 mal ziehen – dann springt der
Außenborder an.

ein kleiner Sack voll frisch gefangener Golez
mit einer hübschen silbergrauen Farbe, oben dunkel
und kleine zarte Querstreifen ins Helle laufend

ein Golez

Seit 12:00 Uhr steht Torsten
am Herd und macht Pfannkuchen. Fertiggericht
von Schultheiß. Einer nach dem anderen wird satt –
dann geht's wieder an Deck. Die Temperatur mißt
Martin gerade mit 10,6°. Unser Empfinden, um
nicht zu sagen "gefühlte Temperatur" sind 20°.

Entlang der Küste Lagunen, dahinter Bergketten im violetten Grau mit hellblauem Dunst am Horizont. Dann die besagte Stelle an der Küste der De-Long-Straße. Hier gab es 1994 kein Durchkommen für DAGMAR AAEN. Eis, wohin das Auge blickte – und heute? Wir stehen andachtsvoll an Deck.

3. September 2002

Nach einer Nacht mit
Ankerwache vor der Lagune geht die Crew
in zwei Gruppen an Land. Hier wird die
Flaschenpost mit den Daten der Expedition
Nord-Ost-Passage an einen Pfahl gebunden,
den die Tschuktschen wohl als Wegweiser gebrauchen.
Ein warmer Süd-SW Wind, inzwischen auf ca 5 Bf
geklungen, macht die Landschaft unwirklich.
Das Tundra Moos, weißverwitterte Holzreste in einer
moorigen Lagunen Ebene. Walroßknochen, Stille.

2.9.2002 13.15 Uhr

Anker auf 15.30 Uhr

Arved spricht ein paar Worte der Erinnerung. Wir stoßen mit Wodka an – „Zum Wohl" an dieser Stelle. Am Strand setzten wir uns ein „Denkmal". An einem Wegweiser der Tschuktschen hängen wir eine Flaschenpost mit den Daten von 1994 und 2002. Hiermit ist die DAGMAR AAEN an diesem Platz verewigt.

*3. September 2002 Tschuktschen See.
Kurs 118° und eine gemütliche Segelei gibt uns das Gefühle von Sommer. Luft 10,5°, Wasser 9°. Es ist kaum vorstellbar, daß wir mit den großen Vogelschwärmen in sibirischer Einsamkeit sind. Mit Spannung erwarten wir unseren nächsten Ankerplatz. Die Begegnung von Einheimischen?*

Spätsommerliches Segeln in der Tschukschen See.

Der Wind wird kräftiger, kommt aus Südwest, und in tiefer Nachtdunkelheit suchen wir eine geschützte Bucht. Die elektronische Seekarte zeigt keine Details. Die russischen Karten sind nicht immer genau, so daß auf dem Radarschirm die Umrisse der Anhöhen ausreichen müssen. In der Mitte der Bucht fällt dann der Anker, und am Morgen blicken wir in eine wunderbare Landschaft. Am Strand, wie wir gleich erfahren, fischt Alexander mit seinem Enkel.

Die knapp 25 Meter unterm Kiel und 6 Bf. machen eine kurze Welle. Wie bei Stoller Grund in unserem Ostsee Revier. Das Wasser ist klar und am Wellenkamm leuchten flaschengrüne Wassermassen. Gegen Nachmittag trübt es ein. Es regnet. Parallel zu unserem Kurs 105° liegen an Backbord die Lagunen, dahinter die Bergketten. Während unserer Wache ca 18°° Uhr kommt eine "Gale warning" über das "Inmarsat C". Für die sibirische See Süd bis SW in Stärke bis 40 Knoten. Das heißt für uns 9 Bf. genau. Wir gehen um 22.30 Uhr vor Anker.

Bukhta Nettekengiskun DEMINA

66° 58' N
171° 57' W

4. September 2002

Ich habe das Tagebuch unter Deck im Vorschiff geschrieben. Natürlich waren die Bergketten an *Steuerbord* und Sibirien wird nicht mit „*ie*" geschrieben.

5. September
Bukhta Nettekengiskun, DEMINA

Nach Sonnenaufgang erkennen wir erst die schöne Bucht.

10.45 Uhr

Er ist See-Tschuktsche und wohnt im Sommer hier am Strand in der Jaranga, ein aus Strandgut gebautes Gehäuse. Im Winter lebt er auf der anderen Seite des Hügels im Dorf Enurmino. Die Tschuktschen dort haben natürlich unsere Anwesenheit mitbekommen und überfallen uns förmlich.

An Bord stellen wir ein Paket mit Konserven, Wurst, Honig, Dosenbrot und anderen Kleinigkeiten zusammen, die wir den beiden Einsiedlern als Gastgeschenk überreichen. Als Gegengeschenk erhalten wir ein paar gepökelte Fische, Golez werden sie hier genannt.

Neun Tschuktschen auf Jagd, Walrosse zu finden. Erstmal kommen sie auf uns zu. Fotografieren und kommen an Bord. Das Interesse an Dagmar Aaen ist groß. Einer steigt in die Eistonne und ist ganz aufgeregt an Deck. Genau voraus ist ein Walroß. 13.15 Uhr. Alles ist in Eile wir verfolgen die Jagd mit unserem Dinghi.

Sie kommen an Bord unpolitisch undiplomatisch aber freundlich!

5. September 2002

und ab geht's, das Walroß zu finden .....

...s der Siedlung in der Bucht kommt ein zweites
...t. Sie winken und schließen sich den anderen an.
... Menschenseelen wohnen in der Siedlung, die völlig
...stständig ohne Strom, die Männer sorgen für Nahrung.

Mit zwei Booten kommen sie längsseits und fotografieren uns. Wenige Augenblicke später sind sie dann an Deck. Fröhlich, interessiert, aber nicht aufdringlich untersuchen sie alles. Es gibt auf DAGMAR AAEN viel Neues zu entdecken. Unsere Gäste bekommen Tee, Kaffee, Kekse. Sie steigen in die Eistonne im Mast und sind ganz aufgeregt, als einer von ihnen ein Walroß am Ende der Bucht erspäht.
So schnell wie sie kamen, sind sie mit ihren Harpunen in Richtung offene See unterwegs.

Sie waren begeistert, als ich mein Skizzenbuch zückte und sie zeichnete. Es ist anders als das Fotografieren. Mit Stolz erfüllt hielten sie inne.

Der Weg nach Süden mit dem Ziel Providenija wird wieder stürmischer. Die Wassertemperatur ist auf 9 Grad gestiegen. Jetzt brauchen wir uns wirklich keine Sorgen mehr zu machen, daß uns noch Eis begegnet.

Die nächste Bucht ist eine Walroßkolonie
— aber so richtig erkennen tun wir nichts —
also weiter — 14 Meilen S.O. wärts.

5. Sept.   19.00 Uhr

und dort, kaum erkennbar in den rötlich braunen
Steinmassen — dort räkeln sich so ungefähr
200 Walrosse dicht an dicht und es steht als
wären es noch mehr. Dieser Platz ist Schutzgebiet
und somit darf auch hier nicht gejagt werden.
Ein paar männliche Walrosse stellen sich mit lautem
Gebrüll uns entgegen, sodaß keiner es wagt, mit dem
Dinghi näher ranzufahren. Wir müssen weiter zurück.

6. September 2002

Die Nacht ist wieder so dunkel, daß es außer dem Radarbild von der Küste nichts zu sehen ist. Wir übernehmen die Wache 04-08. Es ist hell, diesig und ein leichter Seegang läßt "Callesen" mit Strom gegenan nur 3,5 bis 4 Knoten machen. Ab und zu ist die See richtig glatt. Ein Wal läßt sich zweimal sehen.

Papageientaucher spielen "Aufkommen- lassen und Wegtauchen" mit uns. Wir gehen auf 170° dicht an der Küste entlang, der Nebel ist immer noch dicht, aber genau auf Position:

haben wir das
KAP DESCHNJEV
gerad. 09.00 Uhr *
Luft 5° Wasser 4,5° Barometer 991,5 hPa

Kap Deschnjev wird im Nebel passiert. Eine ungemütlich kurze Dünung läuft quer zu unserem Kurs. In der Nacht sehen wir Lichter an Steuerbord. Ist es eine weitere Siedlung der Tschuktschen? Ein angestrebter Ankerplatz will unseren Anker nicht haben – er hält nicht, also weiter.

* In diesem Moment gibt Arved bekannt, daß Dagmar Aaen die Nord Ost Passage durchfahren und überwunden hat.

1. Ein Salut
2. Ein Wodka für Rasmus
3. Ein Wodka für die Besatzung

= Proost.

Ein Glückwunsch trifft aus Murmansk ein, als offizielle Bestätigung zur Nord Ost Passage.
am 6. September 2002

Der Nebel hört nicht auf. Das Barometer hält sich bei 989 hPa, wir sind mitten im Tiefdruckgebiet. Das starke Rollen in der Dünung, kein Wind aber ungemütlich, bringt uns schnell wieder in die Koje. So geht, abgesehen davon, daß die Küste überhaupt nicht sichtbar wird, der Tag ereignislos vorüber. Wir laufen in die Nacht hinein, um die Siedlung "Lawrentia" anzulaufen. Hier sollen Tschuktschen leben, die hauptsächlich auf Walroßjagd gehen.
Bis zum Morgen haben sich Wale gezeigt, die eine Zeitlang neben uns auftauchen und ihre markante Schwanzflosse beim Wegtauchen zeigen.
7. September 04 - 08:00 Uhr

Am nächsten Morgen wollen wir die Insel Yttigran anlaufen, eine prähistorische Kultstätte der Eskimos.

Freitag, 7. September 2002

Die Bilder von der Küstenlinie wechseln von diesig, nebelig bis dunkel. Um 21.00 Uhr ist es finstere Nacht. Im Radarschirm ist auf unserem West-Kurs das Ende der Bucht. Dort liegt auch die Siedlung.

Um 23.00 Uhr höre ich im Vorschiff die Ankerkette durch die Winde laufen. Einige Minuten vergehen, Callesen dreht leicht achteraus.... die Geräusche vom Anker sind hart, kratzend, polternd. Er hält nicht. Ohne große Diskussion — Anker auf — weiter. Kurs Süd — die Küste im Meilenabstand runter. Bei Tagesanbruch wieder das gleiche Bild. Bergkämme grauviolett

Die Insel YTTIGRAN

"YTTIYGRAN" OSTROVA
7. September 2002
Position / 11⁰⁰
64° 38,9' N
172° 31,7 W

Die erste Gruppe fährt an Land. Dagmar Aaen bleibt auf Standby.

13.30 Uhr
Jetzt sind wir an Land, gelandet an einem steinigen Strand
Walknochen zu Monumenten aufgestellt.

7. September 2002 . 18.05 Uhr Mit den kräftigen Wolken kommt auch Wind aus NW.

Der Abendhimmel verfärbt sich orangerot, von schwarzen Schauerwolken überdeckt – es wird wieder eine wilde Nachtfahrt. Das Schiff hebt das Heck gegen die von achtern laufenden Seen, die immer höher werden. In Gedanken malen wir uns ein gemütliches Abendessen im Schutz der dunklen Bergwand an Steuerbord aus. Aber hinter hohen Bergen gibt es bekanntermaßen keinen Schutz – also weiter in die Nacht mit dem Zielhafen Providenija.

7. September 2002 YTTYGRAN 13.40 Uhr

Walknochen in herbstlich gefärbten Tundragräsern. Vogelgezwitscher im Hintergrund der Wellen, die an den Strand schlagen. Kein Callesen, die Luft 8° – unglaubliches Sibirien. Blick nach NO.

Blick nach West.

Wir verlassen YTTYGRAN wieder, um eventuell einen ruhigen Ankerplatz zu finden. Der Wind kommt frisch aus NW. Der Himmel zeichnet sich mit schweren Wolken gegen braunviolette Bergkämme ab. Der Horizont wird orangerot. Die See kommt von achtern und es mischt sich eine Dünung in die brechende See, es gibt kräftige Rollbewegungen. Die Nacht ist schnell hereingebrochen. Noch eine Meile, dann Kurs West in der Abdeckung bis an die Zehnmeterlinie.

Unsere Wache wird abgelöst, es ist 20.00 Uhr. Um 21.00 Uhr wird entschieden – weiter nach Providenia. Um Mitternacht ist der Himmel wieder klarer – Nordlichter erscheinen für eine halbe Stunde. Die Wache 04–08:00 Uhr beginnt wieder für uns. Dagmar Aaen läuft gerade in den Providenia Fjord ein. Das Wetter ist wie umgewandelt, klarer dunkelblauer bis violettfarbener Himmel im Westen, der Osthimmel hellblau mit einer rosa Wolke, darunter dunkle bis violettblaue Berge. Märchenhafte Stille um 6.00 Uhr morgens

Um 3.30 Uhr werde ich geweckt. Meine Wache beginnt um 4.00 Uhr. Während ich mich aus der Koje schäle, erkenne ich durch das Skylight ein wunderbares Morgenlicht. Welche Erlösung nach so einer Nacht. DAGMAR AAEN läuft unter Maschine in den Fjord von Providenija. Die Bergkuppen leuchten feurig orange gegen einen violettgrauen Hintergrund. Schnell sind die Pastellkreiden an Deck gebracht. Ich male wie wahnsinnig diese Stimmung, denn sie verändert sich in Minutenschnelle. Das Schiff dreht ab nach Steuerbord in die Bucht von Providenija. Slava versucht die Hafenbehörden über Funk zu erreichen, es ist 4.30 Uhr.

Die Pier, aus Baumstämmen zusammengehalten, wird unser Liegeplatz. Leinen fest, Callesen aus – ein schöner Morgen in Sibirien. Providenija, für uns der letzte Ort auf russischer Erde. Verfallen auch hier die Hafenanlagen, die Militärkasernen gegenüber stehen leer. Das Leben in vielen Betonbauten ist ausgehaucht. Zwischen Schrott und Schutthalden wird das Wichtigste repariert, um den kommenden Winter zu überstehen.

Providenia liegt in einem wunderschönen Fjord.
Die Berge sind nicht bewachsen, erscheinen aber
im Licht immer in neuen Farben. Auf der
gegenüberliegenden Seite ist Militär und der Flughafen.
Eintausendachthundert Menschen wohnen hier.
Das Bild des Orts ist nicht ungewöhnlich für uns.
Verlassene Betonhäuser altes Gemäuer verfallen.
Im Kraftwerk rumpelt das Stromagregat wie
überall, wo wir ein Kraftwerk sahen. Eine Dusche
wird gern angenommen. Immer drei Leute.

Der Weg zur Dusche ist ein
Abenteuer für sich.
Ich wundere mich über
die technischen
Bedingungen, die
am Ende Strom
bringen.
Wir werden jedenfalls
naß und sauberer
als vorher.
Das Kraftwerk wird für
die Warmwasserversorgung
und Heizung mit Kohle
betrieben. Jetzt, im Sommer
werden Reparaturarbeiten
für den Winter gemacht.
Für den Strom sorgt die
Dieselbetriebene Anlage.

Abschied! Henryk und Slava werden von hier aus mit dem Flugzeug in die Heimat zurückfliegen.

Ein Abend für den Abschied von Slava und Henryk. Aber bevor wir die schöne Pizza genießen dürfen, die Katja und Torsten gemacht haben, ist noch' Aktion angesagt. Diesel bekommen wir vom Schlepper, der vor uns an der Pier liegt. Aber erst, wenn es dunkel ist, dafür aber billig. Es dauert bis 22.00 Uhr, bis alles gefüllt ist. Wasser gabs schließlich auch noch aus dem Schlepper, nachdem der "Landanschluß" abgestellt wurde... sollte auch Geld kosten. Es wird ein gemütlicher Abend - und alle sind traurig, daß die beiden abreisen. Aber auch der Abstand zwischen den Badeschaf-Tagen wird kürzer.

Dienstag vormittag ist es dann soweit. Alle Mann an der Bushaltestelle. Slava und Henryk steigen in den "Bus" zum Flughafen, kurz noch ein paar Hände geschüttelt - und ab geht's auf die Schlag-Lochpiste zum Airport. Kommen sie nun mit ??

Dienstag Nachmittag 10. September 2002
Providenia. Ein Flugzeug kam, eins ist gestartet und die beiden sind um 18.00 Uhr noch nicht wieder zurück. Also - sind sie mitgekommen mit dem Flieger.

Wir waren bis 14.00 Uhr, dann will das Museum uns frmachen.

Weil Slava immer noch Schmerzen hat und nicht viel tragen kann, begleitet Henryk ihn auf der Rückreise nach Moskau.

11. September 2002 Providenia 11.30 Uhr

Wir sind in Aufbruchstimmung. Der Wetterbericht für die nächsten Tage ist noch nicht angekommen, die Bordesgard ist nicht zu erreichen, es gibt doch tatsächlich die ersten Schwierigkeiten ohne Slava und Henryk. Die Sonne löst den Nebel ab. Es ist eine warme Windstille, leichter Schwell steht in den Fjord.

Nach Süden gehen die Flugzeuge aus dem Militärgelände und Flugplatz. Die lauten Maschinen stören nicht, denn nur ein paar Mal in der Woche gibt es Flüge. Heute gegen Mittag hören wir zwei Turboprops. Dagmar Aaen wird Seefest gemacht. Gestern haben Markus und Katja Topsegel und Flieger verstaut, die wir wohl bis Alaska nicht aussetzen werden. 13.30 Uhr. Die Bordesgard und der Zoll sind an Bord und es geht wieder los mit den Papieren, Erklärungen. Der Wind briest auf aus SW, der Schwell kommt spürbar in den Fjord. Gale-Warning für den 43ten Grad. Letztlich ist alles klar – um 14.15 Uhr springt der Callesen an, die beiden Aufpasser an Land (damit nicht noch jemand an oder von Land kommt) sind erleichtert, winken und ziehen die Mütze, als die Leinen los und wir abdampfen.

14:30 Uhr Abschied von Providenia
11. Sept. 2002 NNW. ↑

Mit Kurs in die Beringsee
verlassen wir bald die russischen Gewässer.

A m 11. September 2002 segeln wir wieder raus in die Beringsee. 80 Grad, der Kurs nach Dutch Harbor auf den Aleuten. 30 bis 50 Knoten Wind aus West. Das Schiff schießt förmlich unter Trysegeln gen Südost.

11. September 2002. 15.10 Uhr. Dagmastaen nimmt Abschied von Providenia. R. aurei
Ein paar Wale geben uns Geleit im hellgrünen Wasser des Fjords.

Vier Stunden auf Wache bei schwerem Wetter, jeder hat seine gewohnte sichere Haltung. Achim und Torsten, den Lifebelt eingepiekt, mit Blick aufs Wasser.
Gleich kommt wieder einer auf die gute Idee, einen Tee zu machen.

11. September 2002 06.00 Uhr wir segeln unter

einem gewaltigen Farbenspiel, das so oft

wechselt, daß es kaum wiederzugeben ist.

V orbei an St. Matthew Island, St. Paul Island. 40 Knoten Wind werden auf einer Wache gemessen. Die überkommenden Seen haben den Dieselherd ausgehen lassen. Im Vorschiff steht das Bilgenwasser bedenklich hoch.

12.00 Uhr
Es brist auf und die Seen werden länger. Um 13.00 Uhr werden die Trysegel gesetzt mit kleiner Fock. Die Nadel braust ordentlich Wind aus NO. Bei unserem Kurs 180° schieben wir uns durch die Schwarze Dünung. Ab und zu kommt Dajmas Aalen so ins Schlingern, dass die See achtern auf dem Deck hin und her läuft. 40 Knoten Wind gegen Morgen wird es weniger. Die ~~St.~~ Inseln sollten bei Verschlechterung Schutz bieten, die Vorhersagen sind aber für die nächsten Tage nicht so hart, sodass wir an der Insel südlich vorbeilaufen. 12. Sept. 16.00 Uhr. ~~St.Matthews~~ St. Matthew Inseln*

Wachablösung. Martin wird von Katja geweckt. Der einzige Raum, um alleine zu sein, ist die Koje auf DAGMAR AAEN.

---

12. September 2002 18.00 Uhr

Der "Pinöpl" der St. Matthew Inseln bleibt backbord liegen. Nach der wilden Nacht kommt die Sonne durch und der Wind läßt nach. Leichte Dünung macht den Tag erholsam. Ich zeichne und male gegen Abend. Farben eines klassischen Seestückes.
Wir machen heute das Abendessen etwas früher, damit alle in Ruhe, ohne Schaukelei, das "kalte Büfet" genießen können. Brot, Fisch aus Dosen, Wurst, Schinken, Käse, Gurken aus dem Glas. Wir fragen uns, ob wohl die beiden, Skwa und Henryk zuhause angekommen sind.
Um 20:00 Uhr endet unsere Wache. Es ist inzwischen fast dunkel geworden. Kurs 160°
21:00 Auf Backbordseite ist eine helle Lichterscheinung erkennbar, die nicht genau zu identifizieren ist. Kurze Zeit später werden wir von einem Fischereifahrzeug gerufen. Sie heißt LILLY ANN. We see us in Dutch Harbor.

13. September
Diese Nacht bleibt relativ ruhig. Die Dünung steht noch etwas, der Wind ist schwach aus NO. Unsere 04 Uhr Wache übernimmt, und es gibt nichts Erwähnenswertes. Noch ist es stockdunkel. Um 04:30 zeichnet sich im Osten etwas Helles hinter den Wolken, dann sehen wir auch die Vögel um uns herum.

Die Nacht zum 12. September
40 Knoten Wind aus NO vor St. Matthew Island

13. September 2002 Freitag

Mit 160° Kurs auf Pribilof Islands, unser nächster Anlaufpunkt. Ich habe Freiwache, es ist 11.30 Uhr. Mit 5-6 Windstärken aus NO laufen wir mit gesetzten Groß' und Fock, unterstützt von unseren treuen Callesen. Heute morgen 04-08 Uhr war die Beobachtung der Vögel um uns herum das Interessanteste. Es ist überhaupt ein beglückendes Gefühl, die Wolkenfärbung, das ständig wechselnde Spiel der Form und Farbe des Wassers. Wie sich die Wellenberge von achtern drohend auftürmen, das Schiff sich langsam anhebt um im nächsten Augenblick die schäumende Gewalt unter sich hinwegrauschen zu lassen, das ist etwas Erhebendes. Mit jeder neuen Bewegung kommen neue Gedanken ins Bewußtsein. Da schwimmt eine Nußschale mitten in der Bering See, mit acht Seelen an Bord, die seit acht Wochen gerade mal eine Handvoll Schiffe gesehen haben – allein und doch in harmonischer Eintracht Tag für Tag. Ich finde das nicht selbstverständlich und das geht wohl jedem so hier an Bord. 21.30 Uhr

Die letzten 30 Meilen sind noch zu segeln bis St. Paul, die Insel, hinter der wir Schutz suchen wollen. Die "Gale-warning" für das Wochenende werden wir vor Anker einschätzen, um dann weiterzugehen nach Dutch Harbour. Ich gehe jetzt in die Koje, denn wenn die Insel erreicht ist, dann werden wir für das Ankermanöver an Deck sein.

Ein wahres Glück für diese Expedition sind die Kojen auf Dagmar Aaen. Die Koje ist das Zuhause für jeden Einzelnen der manchmal elf bis zwölf Crewmitglieder. Als ich das erste Mal in Flensburg das Schiff von innen sah, konnte ich mir diese Schlafsituation für mich kaum vorstellen. In der Praxis sieht es aber so aus, als dürfte es überhaupt nicht anders sein.

Ein wahres Glück, hierin verschwinden zu dürfen.

14. September 2006

SAINT PAULS

Der erhoffte Schutz vor einem SW Starkwind ist nicht gegeben vor bzw. hinter der Insel. Wir dürfen auch nicht anland, da hier keine Einklarierung möglich ist. Also – nach einem schönen Tag mit Sonne und einer Dusche aus der Pütz, einem guten Essen – geht's um 19.30 Uhr wieder los. Anker auf – Segel hoch – Callesen schickt uns mit 6,2 Knoten auf 160° in Richtung Dutch Harbour. Es weht 5 Bf. aus SW, Sternenhimmel zwischen schwarzen Wolkenfeldern.

Vor unserem Ankerplatz suhlen sich die Seelöwen auf den Hängen. Das Gebrüll ist deutlich herauszuhören zwischen dem Brandungsrauschen und den heulenden Windböen. Ab und zu kommen die neugierigen Seelöwen, recken sich weit aus dem Wasser, um nach ein paar Sekunden wieder abzutauchen.

Auf den Wachen ist jeder an Deck mit dem Gurt gesichert. Kein Schritt ohne Sicherung. Wer keine Wache hat, freut sich auf den einzig sicheren Platz unter Deck, die Koje. Es ist gut, daß die Türen zugeschoben sind. Ruhe – schlafen bis zur nächsten Wache.

. September

0 Meilen noch bis Dutch Harbor. 21.30 Uhr.
unsere Wache ist gerade zuende. Der Wind
es SSW 6-7, Galewarnung bis 35 knoten.
ie Dünung und der Seegang gehen ziemlich
uch einander. Das 3.Reff im Großsegel hält das
hiff recht stabil. Der Wind frischt weiter auf.
elesen läuft mit, die Fahrt wird vermindert auf
.5 Knoten, da sich Dagmar zu häufig feststampft.
m Mitternacht gehen Hagelböen durch, die See
ird weiß von Schaumstreifen. Nach Ende unserer
Wache 00°° Uhr 15.September wird das Trysegel
esetzt. Vom Ruder aus sehe ich Wellenberge, die
 in Höhe der Saling enden.

ber Dagmar hebt sich immer rechtzeitig an und
läßt den Rest der See unter sich weglaufen. Ein
utes Gefühl, doch manchmal steht auch das
ganze Achterschiff voll Wasser. 04°° Uhr. 16.Sept.

Dutch Harbor

Dutch Harbor

Dutch Harbor ist unser erster Hafen in westlicher Zivilisation und größter Fischereihafen der USA. Hier dreht sich alles um den Fisch: Heilbutt, Lachs, Shrimps und King-Crabs. Die Japaner halten 52% der Fischindustrie, die Tag und Nacht während der Saison arbeitet. Ein buntes Völkergemisch verdient hier das Geld. Während eine Sturmfront durchgeht, genießen wir den Ort mit Einladungen, Wanderungen und Ausflügen in die Umgebung zwischen der Beringsee und dem Golf von Alaska.
Ein Besuch in der Fischerkneipe „Elbow-Room" in Unalaska ist Pflicht, aber richtig voll und schön eng wird es erst in der Fangsaison.

22. September 2002 (Aleuten)

11⁰⁰ Uhr. Wir gehen durch den UNALAGA Pass mit Strom nach Osten und 8,2 knoten Fahrt

90° auf dem kompaß
Eine kurze Stromkante wirft einige
Schaumkronen auf.

DAGMAR AAEN schiebt sich durch den Unalaga-Paß in den Golf von Alaska. Durch die Engen zwischen den Vulkan-Inseln setzt der Strom bis zu 8 Knoten gegenan, wenn man den richtigen Zeitpunkt der Tide verpaßt. Wir kommen schnell durch und mit uns die Wale, die spielerisch ihre Blasfontänen zeigen. Die Aleuten-Inseln bleiben an Backbord auf dem Weg nach Kodiak.

Der Ebbstrom verwirbelt sich am Ende der Passage und macht in der Mitte große Brandungswellen. Hier am Rand ist es einigermaßen ruhig. 11.20 Uhr

Ein paar ORKAs begleiten uns ein bißchen, dann ist wieder Ruhe auf unserem Kurs.

26. September. auf dem Weg nach Kodiak - durch die

26. September in den Engen der Kaprianov Strait setzt sich

Endlose Nadelwälder sind für unsere Augen eine wohltuende Abwechslung nach langer Zeit karger Fels- und Geröll-Landschaften, Eis und endlosen Wasserflächen. Im Südteil der Insel Kodiak liegt das berühmte Braunbären-Reservat. Schmale Fahrwasser und unzählige Inseln, dicht bewachsen, dazwischen Blockhäuser der angelbegeisterten Einheimischen.

Der Ort Kodiak umsäumt den Hafen, in dem die Fischtrawler und Langleiner auf die ersehnte Fangsaison warten. Wie auch in Dutch Harbor begegnen wir freundlichen, offenen Menschen. Eine Reparatur am Steuerbord-Rüsteisen, Einkäufe und Rundgänge im Ort. Wäschewaschen und Verabschiedung von Brigitte.
Am 28. September fliegt sie mit Foto- und Filmmaterial nach Hamburg zurück.

Wir legen wieder ab. Und wie sollte es auch anders sein – die Wettervorhersage für die nächsten Tage: 30–40 Knoten (7–8 Bft.) Wind aus Südwest.

Kodiak / Alaska
warten auf die Saison / Langleiner im Hafen

Bei jeder Wetterlage, da konnte man sicher sein, hatte Katja Nagel immer ein wachsames Auge auf die Sicherheit der Materialien und den Künstler. Nur wenn es ganz schlimm zu Kehr ging, verzog sie sich lieber in ihre Ecke.

29. September 20.00 Uhr
Kurs 92° nach Sitka. Der Wind hat etwas zugenommen und kommt aus SO. Es wird gegen 20.45 Uhr dunkel. Aroed und Markus haben die 08–12ºº Wache, wir gehen nach dem Essen (20ºº) in die Koje, da der Seegang gegenläuft und es in der Messe ungemütlich wird.

30. September 04.00 Uhr.
Die Wache beginnt. Wenn es 03.30 Uhr ist, wird geweckt. Jedesmal ist das Aufstehen erstmal ein kleiner Schock, zumal das Schlingern bei immer mehr Seegang das Anziehen zur Qual macht. Taktisch vorgehen heißt es. Damit der Halt auf dem Boden einigermaßen ist, erstmal auf der Bank sitzend ein Strumpf rechts an, mit dem Körper links seitlich am Tisch abstützen – den Schub nach hinten abwarten - rechtes Hosenbein der gefütterten Thermohose hochziehen – abstützen – rechtes Hosenbein der Wolfskin Ölzeughose drüber – abstützen, diesmal drückt fast der Brustkorb ein, so holt das Schiff über – die Seestiefel ranholen – rechten Seestiefel – festhalten – anziehen - rechten Fuß belasten - festhalten – festhalten linken Strumpf an festhalten – ziehen - linkes Hosenbein fest – anziehen – halten –

linkes Hosenbein der Wolfskin Ölhose anziehen – rechtes Bein zum Abstützen weit
nach vorn strecken – rummms – auf der
Backskiste von Arved gelandet – festhalten
den zweiten Seestiefel greifen – festhalten –
Bein hoch – mit beiden Händen am
Tisch festkrallen – das Zurückschlingern
abpassen und – der Stiefel ist weggerutscht.
Linkes Bein anheben – festhalten – rein mit
dem Fuß – auftreten – drin. Mit der
linken Hand die Öljacke greifen – mit rechts
festhalten – halten – mit links unterstützen,
Jacke rechter Ärmel linker Ärmel –
das Schiff läuft gerade etwas ruhiger –
festhalten – Reißverschluss – festhalten
hoch – Rettungsweste abhaken – jetzt
am besten zur Niedergangstreppe zum
Abstützen – rechts links – Kapuze von der
Jacke im Nacken vorziehen und –
zwischen festgekeilt sicher zwischen Treppe
und Schrank – die Weste schließen.
Tüte auf – Kapuze drüber – Treppe hoch
raus ins Dunkle. Am Strecktau entlang
nach achtern.
Und irgendwann
kommt Adrian
und sagt:
"Ich mach uns
mal'n schönen
Tee". Ohja...

Aber immer wieder ist es schön,
auch wenn die See unberechenbar
erscheint. Zur Sicherheit ange-
gurtet, stehen wir auf dem Achterdeck,
beobachten die Delphine und Robben, die
sich in der Leewelle tummeln. Albatrosse
kreisen stundenlang um uns herum.
Immer wieder kommen riesige Seen, die
sich unter das Heck der DAGMAR wälzen,
dann heißt es für alle Mann „Füße hoch",
und das Wasser steht knietief auf dem
Achterschiff. Eine Kanne schwarzer Tee
ist das Rezept zur Auffrischung der guten
Laune, die bis zum Schluß standgehalten
hat. Noch 60 Seemeilen bis Sitka, unserem Endhafen. Der harte Seegang wird
weniger, der Wind läßt nach, und die
Küste taucht aus den Nebelfetzen auf.
DAGMAR AAEN gleitet in die Kalinin Bay.

Langsam beruhigte sich die Wetterlage. Nur noch ordentlicher Schwell vor der Küste und dann gehen wir in der KALININ BAY vor Anker.
Eine wunderbare erholsame Stille – als Callesen endlich schweigen durfte.

Zu beiden Seiten hohe Sitka-fichten-Wälder. Am Ende der Bucht fällt der Anker auf 7 Meter Wassertiefe. Eine erholsame Stille, als der Callesen endlich schweigt. Biber lassen sich neugierig herantreiben. Adler, Seelöwen und eine bunte Vogelwelt machen diesen Platz zum Paradies.

An der nördlichen Durchfahrt nach Sitka liegt dieser schöne Fjord. Kalinin Bay. Ein Naturreservat, wo auch Braunbären leben. Nach einer 8stündigen Pause geht's durch die Fjorde nach Sitka.

Oktober 2002 entlang der NEVA-STRAIT, Alaska

überall stehen die Sitka-Spruce (Fichten) bis an Uferrand der Inseln. Alles ist grün.

3. Oktober
Mit Roger
3 Stunden
im Regenwald
10⁰⁰ Uhr bis 13⁰⁰ Uhr — frische Bärenspuren

In Dutch Harbor ist zu uns an Bord gekommen Roger Schmidt, er wohnt in Sitka. Roger führt uns durch einen richtigen Regenwald. Für drei Stunden Urwald, ein exotischer Eindruck. Respekt vor dieser Urnatur verschaffen uns ein paar frische Bärenhaufen.

Während Martin, Katja und Roger versuchen, den Regenwald ganz zu durchqueren, bleibe ich für eine Weile stehen, um den Urwald im Skizzenbuch festzuhalten. Etwas unheimlich ist es ja doch, wenn man weiß, daß Bären hier zu Hause sind. Ein wenig beruhigend war Rogers Erklärung, sie würden nicht gefährlich sein – aber Roger ist ja jetzt nicht hier.

3. Oktober 2002

Martina kommt uns im Sitka Sound entgegen

vor der Einfahrt

3. Oktober 17:55 Uhr malen wir im Hafen o...

Im Sitkasound am 3. Oktober. DAGMAR AAEN steuert den Überwinterungshafen an. Aus Nebenfahrwassern durch bewaldete Inseln hindurch sind Fischer zu erkennen. Eine Fähre schiebt sich uns in spiegelglatter See entgegen. Gleich dahinter ein kleines Aluminiumboot, das direkt auf uns zuhält. Was will der? Nein, nicht er, sondern nach einem lauten Ruf „Arved, willkommen" ist klar, es ist Martina Kurzer, die hier in Sitka wohnt. Sie hat den Überwinterungsplatz für uns organisiert. Sie bringt einen Kürbis und ein paar Flaschen „Alaskan Amber" mit – ein erfrischendes Bier, das uns noch ein paar Tage erfreuen wird.

...ka fet. 7 899 Meilen liegen hinter uns.
...ie Expedition durch die N.O.Passage
endet nun in Sitka als
Überwinterungshafen.

...tober in Sitka Sound an dem Aussenschlengel

Sitka ist ein Ort mit 9.000 Einwohnern und 27 Meilen Straße. Ein Platz für einen besonderen Menschenschlag. Hier trifft man Tlingit-Indianer, Tschuktschen, Kanadier, Engländer, Deutsche, Amerikaner, kurzum Menschen, die das Leben mit der Natur kennen und lieben. Die Freundlichkeit, die wir erleben, macht es uns leicht, den Rhythmus des zivilen Lebens wiederaufzunehmen. DAGMAR AAEN wird winterfest gemacht. Proviant gesichtet und neu verstaut. Zwischendurch Einladungen zum Abendessen mit frischen Shrimps direkt aus dem Netz. Danke Alaska – du bist eine Reise wert.
Am Flughafen werden wir erfreut empfangen. Arved hat mehrere Interviews, Auftritte in der Öffentlichkeit und im Rundfunk wahrgenommen – so sind wir schon gute Bekannte aus der Nordost-Passage.

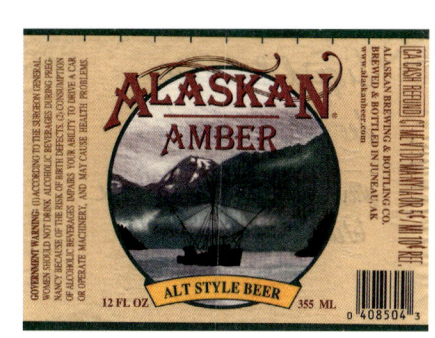

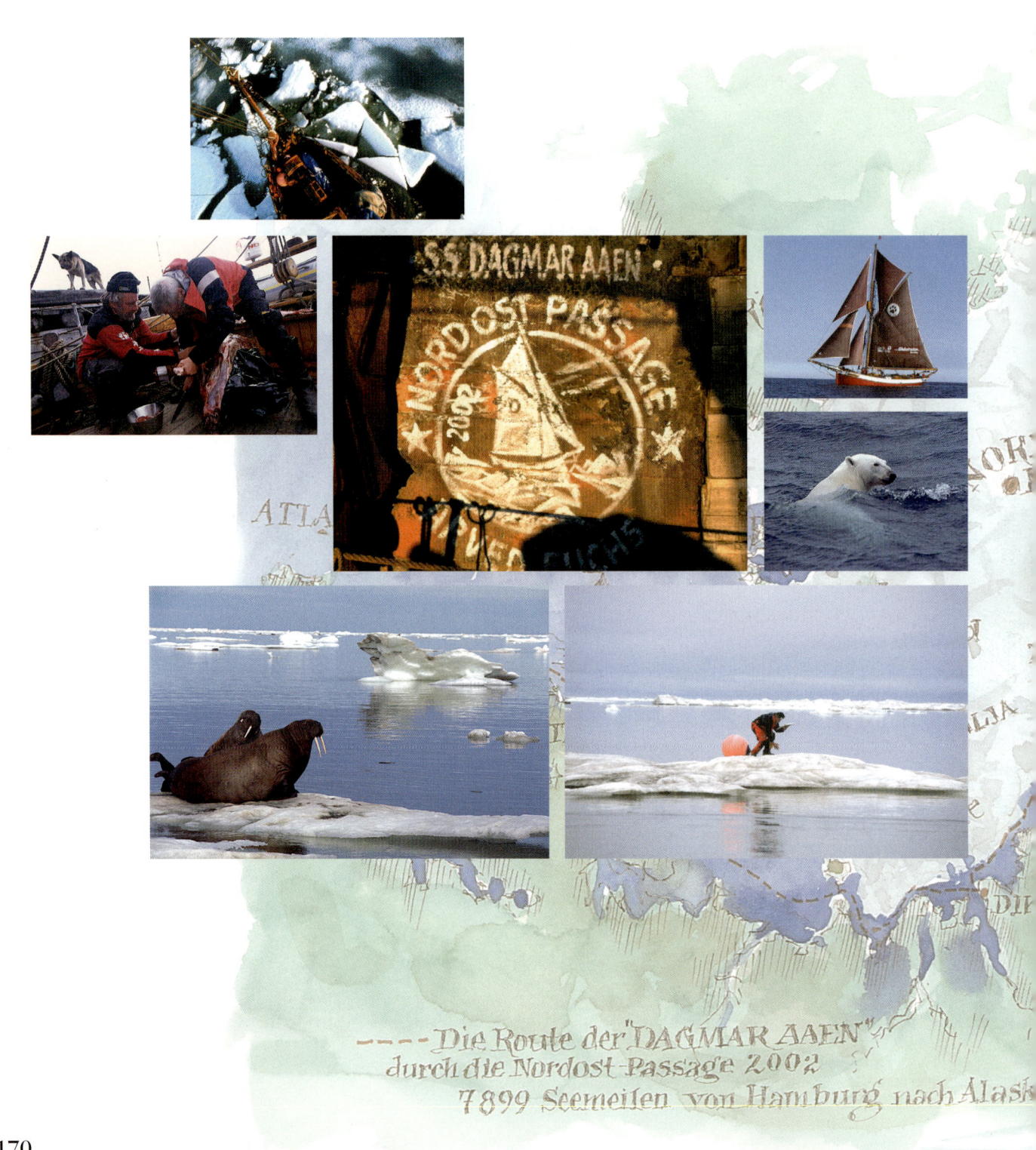

---- Die Route der "DAGMAR AAEN"
durch die Nordost-Passage 2002
7899 Seemeilen von Hamburg nach Alaska

Am Ende einer dreimonatigen Reise angekommen, aus einer Welt, die viel verlangt, aber auch viel gegeben hat. Für mich als Expeditionsmaler war an manchen Tagen das Angebot an Eindrücken so groß, daß ich eher unzufrieden wurde, nicht alles festgehalten zu haben. Noch nie war ich so lange gefordert zu malen, zu zeichnen, bewußt aufzunehmen. Gerade diese Eindrücke sind jetzt tief gespeichert, um immer wieder Teile daraus zu entnehmen. Es ist eine neue Basis für eine neue Malerei geworden, und dafür danke ich Arved Fuchs, hierfür den Startschuß gegeben zu haben.